丛书编委会

总 策 划：来新国　王文成
编委会主任：郭齐勇　周晓亮
编　　　委：来新国　陈知涯　张　彧　尹格韬　沈　众
　　　　　　王文成　孟淑贤　周长志　罗养毅　秦　丹
　　　　　　乌　琛

成玄英

魏冬 著

大家精要

陕西师范大学出版总社

图书代号：SK16N1467

图书在版编目（CIP）数据

成玄英/魏冬著. —西安：陕西师范大学出版总社有限公司，2017.1
（大家精要）
ISBN 978-7-5613-7654-6

Ⅰ.①成… Ⅱ.①魏… Ⅲ.①成玄英（608—669）—传记 Ⅳ.①B959.92

中国版本图书馆CIP数据核字（2016）第321033号

成玄英　CHENG XUANYING

魏　冬　著

责任编辑	尹海宏
封面设计	张潇伊
出版发行	陕西师范大学出版总社
	（西安市长安南路199号　邮编710062）
网　　址	http://www.snupg.com
印　　制	三河市良远印务有限公司
开　　本	660mm×980mm　1/16
印　　张	10
字　　数	100千
版　　次	2017年1月第1版
印　　次	2017年1月第1次印刷
书　　号	ISBN 978-7-5613-7654-6
定　　价	20.00元

读者购书、书店添货或发现印刷装订问题，请与本公司销售部联系、调换。
电话：（029）85303879　　传真：（029）85307864　85303629

目 录

引言：从《庄子》说起 / 001

第 1 章 不见首尾的云中龙
——成玄英的生平和著作 / 005
一、零散史料中的成玄英形象 / 006
二、著述及其流传 / 010
三、生平著述的现代考论 / 016

第 2 章 仙道贵生，无量度人
——以《度人经义疏》为核心的早年思想 / 023
一、生命关怀的社会现实根源 / 024
二、早年道教信仰的基本特点 / 027
三、《度人经义疏》的思想特色 / 031

第 3 章 老学诠释中的理国理身之道
——以《道德经开题序诀义疏》为重心的
中年思想 / 041
一、老学的转型 / 042

二、对老子本人的宗教解释 / 049
三、对《道德经》的文献性解释 / 056
四、对《道德经》的思想性诠释 / 064

第 4 章　庄学话语下的重玄逍遥妙境
　　　　——以《庄子疏》为代表的晚年思想 / 081
一、庄学精神归宿的形成 / 082
二、对《庄子》思想的总体认识 / 088
三、以逍遥为宗趣的理想境界 / 093
四、以智慧为根基的体认方式 / 104
五、以道德为标志的理想人格 / 126

第 5 章　成玄英思想的历史地位 / 140
一、思想历程 / 141
二、思想体系 / 143
三、思想定位 / 147
四、思想影响 / 150

附录
年谱 / 153
主要著作 / 154
参考书目 / 154

引言：从《庄子》说起

在中国历史上，《庄子》无疑是最受人喜爱的优秀经典之一。打开《庄子》，那苍茫无垠的北冥、奋鳍击水的巨鲲、展翅中天的大鹏，自然会把我们带入一个全新的世界，而庄子不事权贵的高岸人格、热爱自然的真挚情怀、玄迈高远的理想追求，也不时地打动着尘世负累中疲惫的心灵，引导人们从物欲杂俗中解放出来，去追求逍遥自适的精神境界。正因如此，所以《庄子》几千年来总是备受人们的关注和喜爱，人们不仅在生活中谈论《庄子》、品评《庄子》，在学术上注解《庄子》、援引《庄子》，而且在精神上仰慕庄子，在行为上仿效庄子，如此则形成了中国文化史上源远流长、蔚为大观的"庄子文化"。

成玄英是研究《庄子》的大家，其代表作品为《庄子疏》。《庄子疏》是在吸收晋代郭象《庄子注》思想的基础上完成的。"注"和"疏"都是中国古代解释经典的传统体裁，"注"直接解释经典，"疏"则是在前人"注"的基础上，对经典作出进一步的解释。与郭象的《庄子注》比较，成玄英的《庄子疏》具有不可替代的特点。如《四库全书总目提要》认为：郭象的《庄子注》虽然超出了前人的见解，可谓标新立异，但其中大多数都是阐发思想的空言，没有事实和文献依据，所以有曹魏时期玄学家王弼注解《周易》"得意忘言"的种种缺憾。而成玄英的《庄子疏》则"称意而谈，清言曲畅"，不仅语言清雅，能畅通《庄子》中难以理解的旨意，而且在其解释中有大量难得的史料可以增广异闻、开阔视野。打开成玄英的《庄子疏》，就可以发现他对《庄子》的解释的确与郭象的《庄子注》风格不同，其中或解释字词，或串讲章句，或补充史实，或介绍人物，或阐发义理，不仅从不同角度弥补了郭象《庄子注》的缺憾，而且语言优美，思想悠远。如对《庄子·逍遥游》中"鹏之背，不知其几千里也；怒而飞，其翼若垂天之云"一句，成玄英疏云：

> 鱼论其大，以表头尾难知；鸟言其背，亦示修短叵测。故下文云未有知其修者也。鼓怒翅翼，奋迅毛衣，既欲抟风，方将击水。遂乃断绝云气，背负青天，骞翥翱翔，凌摩霄汉，垂阴布影，若天涯之降行云也。

成玄英的解释不仅揭示了鲲之"大"、鹏之"背"的主要说明意旨，而且与下文贯通，彰显出其中相互照应的文句；对大鹏"怒而飞"的解释中，则运用排比、对偶的手法，大鹏宏大、雄奇的形象，顿时如跃纸上。再如《庄子·齐物论》末尾一段：

> 昔者庄周梦为胡蝶，栩栩然胡蝶也，自喻适志与！不知周也。俄然觉，则蘧蘧然周也。不知周之梦为胡蝶与，胡蝶之梦为周与？周与胡蝶，则必有分矣。此之谓物化。

这一段历来为庄学大家所关注，"庄周梦蝶""庄生晓梦迷蝴蝶"等典故即由此出。但这一段的寓意，却也难以理解，成玄英则解释说：

> 夫生灭交谢，寒暑递迁，盖天地之常，万物之理也。而庄生晖明镜以照烛，泛上善以遨游，故能托梦觉于死生，寄自他于物化。是以梦为胡蝶，栩栩而适其心；觉乃庄周，蘧蘧而畅其志者也。

此寥寥数语构成一段疏文，不仅语句对仗，用词达雅，而且揭示了天地万物变化不止的基本道理，阐明了庄子化蝶的寓意所在，正是一篇语言优美浅近、思想意蕴丰富的思想散文。

凡此种种，在成玄英的《庄子疏》中俯首可拾。除此而外，成玄英还对《庄子》中所涉及的名物、典故、制度、人物等，无一不解释详尽。这一部书，从一定意义上可以看作庄学研究的一部小百科全书。若能与《庄子》、郭象《庄子注》相互比照，沉潜把玩，其中收获，必不在小！

成玄英的《庄子疏》文雅辞达、义理精深、内涵丰富、视野广阔，洋洋洒洒近三十万言，为我们道尽六万余言的《庄子》所蕴含的奥秘和智慧。与郭象的《庄子注》相比，这一部著作更为忠实《庄子》原文、贴近《庄子》思想，所以后世研习《庄子》，都把成玄英的《庄子疏》作为不可或缺的重要文献，特别是进入宋元之后，随着此前对《庄子》的解释文献几乎全都散佚，只有郭象《庄子注》和成玄英的《庄子疏》完整地保留下来，《庄子疏》对庄学传承的影响就显得更为重要，北宋的庄学名家陈景元、王雱、吕惠卿，南宋的林希逸、褚伯秀，明代的焦竑等，无一不对成疏有所称引。后来，晚清学者郭庆藩将成玄英的《庄子疏》从《道藏》中辑出，并与郭象的《庄子注》合在一起，结合其他成果编撰成《庄子集释》，郭注与成疏更成为庄学研究领域所不可替代的经典注疏文本，两者相互倚重，可谓庄学史上最为亮丽的"双子星座"。

说到此处，人们不禁要问：《庄子疏》在庄学传承中的巨大作用固然是极其重要的，成玄英在庄学史上的地位也不可否认，然而，如果《庄子疏》仅仅止于解释字词、串讲章句或补充史实，而在思想上不过因陈《庄子》旧说而缺乏创见的话，那其也仅止于解读《庄子》的一部重要注疏文献而已，何以当得上庄学思想史上名著之称？如此若给成玄英冠之以"思想大家"的美誉，也似乎言过其实。那么，成玄英疏解《庄子》的思想旨趣何在？创新之处何在？成玄英又是何许人也？除了《庄子疏》之外，他还有什么著作？他在中国思想史上的贡献如何？是否当得上"思想大家"的称谓？对于这一系列问题，还是让我们立足文献，回到历史，先去寻绎这位庄学大家的生平、著作，结合他所处的时代背景和问题意识去了解其思想，随后再下结论吧！

第 1 章

不见首尾的云中龙
——成玄英的生平和著作

对一位思想家的评价和定位是直接奠定在对其著作解读的基础之上的，而要较为客观地理解思想家的著作，就不能不了解其生平和时代。

孟子在《孟子·万章下》中讲："颂其诗，读其书，不知其人，可乎？是以论其世也，是尚友也。"意思是，思想家本人的思想与其生平经历以及时代背景有着极为密切的关系，只有了解作者的现实生活和时代背景，才能客观地、正确地理解和把握其著作的思想内涵。清代著名学者章学诚在《文史通义·文德》中也说："不知古人之世，不可妄论古人之辞也。知其世矣，不知古人之身处，亦不可以遽论其文也。"也就是说，不了解古人所处的时代，不可随意评论古人的言论，同样，不了解古人特定的生平际遇，也不可以对古人的言论轻下结论。

从思想史的角度对成玄英予以评价，首先应了解其为何时代人，生平经历如何，著作情况如何，然后在此基础上论述其思想之内容和特色。

一、零散史料中的成玄英形象

成玄英是什么时代的人？在引言中，我们已经知道成玄英最重要的著作是《庄子疏》，因此要了解成玄英为何时代人，可从学者对此书作者的题名入手。在郭庆藩的《庄子集释》中，收录有郭象为其《庄子注》、陆德明为其《经典释文·庄子释文》和成玄英为其《庄子疏》分别写的序言。《庄子疏序》下题名："唐西华法师成玄英疏。"由此可知，成玄英为唐代人，受号"西华法师"。然成玄英为唐代何时人？出身如何？是和尚还是道士？其生平经历如何？还有什么著作？在当时有何影响？从这一题名中却看不出来。为了解决这些问题，需要翻检有关唐朝历史的相关史籍。

按照一般常识，凡是在历史上有一定影响者，后世修史者必笔之于史，而史籍中之最重要者，即为《二十四史》。其中有关于唐代的史书两部：《旧唐书》和《新唐书》。《旧唐书》是五代后晋时刘昫（897~946）主持编写的官修史书，是现存最早系统记录唐代历史的一部史籍。按理此书去唐未远，其中当有成玄英生平的记载，然而其《列传》中并无一语涉及之，仅在著录唐代及以前著作的《经籍志》中有两条说："《老子》二卷（成玄英注）"，"《庄子疏》十二卷（成玄英撰）"。由此可知，成玄英除《庄子疏》之外，尚有对《老子》的注解。但对于成玄英的生平，则无从可知。

继而翻检《新唐书》。《新唐书》为北宋时期欧阳修、宋祁等奉旨撰修，大约在《旧唐书》编纂一百多年之后完成。同样，在这部新修唐史的《列传》中，也没有成玄英的任何记载，而在著录前代著述的《艺文志》中记载有："道士成玄英

注《老子道德经》二卷,又《开题序诀义疏》七卷,注《庄子》三十卷,《疏》十二卷。"其后附注:

> 玄英,字子实,陕州人,隐居东海。贞观五年,召至京师。永徽中,流郁州。书成,道王元庆遣文学贾鼎就授大义,嵩高山人李利涉为序,唯《老子注》《庄子疏》著录。

由此可知,成玄英字子实,陕州人(今河南陕县一带),大约为唐太宗、高宗时道士,因"贞观""永徽"分别为太宗、高宗时的年号。成玄英曾经隐居在"东海","东海"是今天江苏北部连云港北海一带。在大唐贞观五年(631),成玄英受到唐太宗征召来到京师长安。但在唐高宗永徽年间(650~655),成玄英因为世人不可知晓的原因获罪,被流放到郁州一带(今属江苏连云港市)。他的主要著作有《老子注》二卷、《老子开题序诀义疏》七卷、《庄子注》三十卷、《庄子疏》十二卷。大约在其《庄子疏》完成之后,唐太宗的儿子道王元庆派遣文学贾鼎跟从他学习,嵩高山人李利涉还为其《庄子疏》作序。

《旧唐书》《新唐书》不为成玄英立传,而仅在记录历代著作文献的《经籍志》《艺文志》中言及之,这说明在当时人的眼中,成玄英的特点主要是擅长于著述。随后,宋元之际的文献学大家马端临在其巨著《文献通考》之《经籍考》中,也对成玄英的生平有所记载。其内容大致与《新唐书》相同,所不同的是:其一,马端临认为贞观五年成玄英被唐太宗召至京师后,还赐封其为"西华法师";其二,对于永徽流放郁州一事,马端临说"不知坐何事",也就是不知道其中原因为何;其三,对"道王元庆遣文学贾鼎就授大义"一事,马端临的说法是"道士元庆"。《文献通考》与《新唐书》记载的这些微小差异,或者是马端临有所根据,或者是文字的讹误所致。但由以上可知，成玄英"西华法师"的称号是贞观年间为唐太宗所赐封。

以上寥寥的几十个字，虽然反映了成玄英的主要著作，也粗线条地勾画了其一生经历，但这些史料对了解成玄英的生平及其思想远远不足。为了进一步了解成玄英其人，应该再到唐代人的著作中去搜寻。

首先，在佛教人士道宣（596~667）所撰的《续高僧传》中，记载有成玄英的一些事迹。道宣是初唐佛教南山律宗创始人、著名的佛教史传学家，与成玄英基本同时。其《续高僧传》初撰于唐太宗贞观十九年（645），完成于唐高宗麟德二年（665）。其中记载：贞观十年，成玄英（原本作成世英）与蔡子晃等"道门之秀"与僧人慧净论战。又记载：贞观二十一年，成玄英（原本作成英）与蔡子晃等"李宗之望"，奉旨参与翻译《老子》为梵文一事，与当时著名的佛教大德玄奘法师论战。关于成玄英与玄奘在贞观二十一年论战的过程，道宣在其于龙朔元年（661）撰写、麟德元年（664）完成的《集古今佛道论衡》中也有较为详细的记述，说由于玄奘和成玄英等人在翻译上的观点不合，最后此事不了了之。又据道宣的师弟道世在总章元年（668）编集的《法苑珠林》记载：贞观二十二年，"清都观道士张惠元、西华观道士成玄（原作武）英"就《三皇经》真伪事，奉旨进行勘定，后"请将老子《道德经》替处"。可见，成玄英最初见于历史记载，在于其积极参与了当时的佛道论争。

随后，唐代以"史才博识"著于世的文献学家、史学家韦述，在其于开元十年（722）撰成的《两京新记》中记载："垂拱中，有道士成玄英，长于言论，著《庄》《老》数部，行于时也。"首次点明成玄英在老庄学上的成就。而稍后华严宗四祖澄观于大历十一年（776）之后历四年写就的《大方广佛华严经随疏演义钞》（卷十四）中，对成玄英的老庄学注疏作了评议。他说："现如今时成（玄）英尊师，作《庄》《老》疏，广引释教，以参彼典。但见言有小同，岂知义有大异。后来浅识，弥复惑焉。"澄观认为成玄英在《老子》《庄子》的疏解中，大量引用了佛教的概念和观点来印证其观点，虽然在语言上大致相同，但其思想则与佛教完全不同，后来的学者认识不到这一点，认为成玄英的思想可归之于佛教，导致后世学问浅薄的人对此认识更加迷惑。这是从佛教的角度，对成玄英著作作出的最早评议。但即使如此，当时的一些佛教学者仍然把成玄英的著作经常拿来引用。如从西域疏勒国来的高僧慧琳（737~820）的《一切经音义》、从日本来的三论宗僧人安澄（763~814）的《中论疏记》等，对成玄英的著作均有引述，或解释字义，或印证义理，虽然运用有所不同，但却足以说明当时成玄英的思想已经得到传播，并对佛教思想产生了一定影响。

上述佛教文献的记载表明，成玄英的身份是道士。但令人奇怪的是，成玄英虽然出身道教，但直到晚唐，他的名字及其著作才在道教的文献中出现。首先，成书于这一时期但题名为南北朝道士顾欢的《道德真经注疏》和当时的道教学者强思齐的《道德真经玄德纂疏》中，出现了对成玄英《老子疏》的大量征引。接着，晚唐五代时期后蜀道士杜光庭在其著作中对成玄英的著作和思想作了评价，不但在其《道德真经广圣义序》中说"道士成玄英作讲疏六卷"，在该书卷五又说："唐朝道士成玄英、蔡子晃、黄玄赜、李荣、车玄弼、张惠超、黎元兴，皆明重玄之道。"这说明，成玄英的老学著作受到当时道教学者的重视，而其思想的特点在于"明重玄之道"。

以上文献足以说明，作为初唐道家道教思想文化阵营中的重要一员，成玄英在当时享有极高的宗教地位和社会声望，他在学术上早熟，年轻时就得到胸怀大略的唐太宗的赏识而进入京师，以"道门英秀""李宗之望"的身份，积极参与了当时思想斗争非常激烈的"佛道论争"，并完成了对《老子》《庄子》的多部注疏。成玄英的思想，在当时的佛教和道教中都有一定的影响。但遗憾的是，关于成玄英的生平状况，则如同中国历史上很多道家道教人物一样，不仅在正史中缺乏详细的记载；而且更令人奇怪的是，在收录历代道教人物的各种传记中，对这位出身道教的思想大家也只字未提。其中原因耐人寻味。我们可以推测这或许是因为他获罪流放的特殊人生经历而为史者讳言，或许是他缺乏正统的道门出身而为道教史者不屑提及，或许是因为成玄英身上缺乏像张果老、吕洞宾那样的仙气，或许是成玄英的思想离道教走得太远……总之，成玄英如同不见首尾的云中之龙，在初唐的历史舞台上匆匆现身，随后又飘然隐身而去，如同雁过长空，只在历史的文献碎片中留下他粗线条的人生轨迹和只鳞片爪的零星记载，却为人们留下了难以磨灭的历史记忆和令人费解的身世之谜。

二、著述及其流传

"青山遮不住，毕竟东流去"，历史如同滚滚长江东逝水，成玄英这位初唐时期的著名道教学者，如同闪亮的流星般在历史的舞台上匆匆一闪而过，他的生平大多湮没在历史的尘埃之中难以追寻。通过这些零碎的史料，我们仅知道成玄英在当时以道士的身份参加了佛教和道教之间的多次论争，知道他擅长注疏《老》《庄》而名于当时，影响后世。但为了能够更加充分地了解成玄英的思想及其贡献，我们还是尽力去搜寻他一生还有哪些著作，从这些著作中，大略可以推知成玄英的思想倾向。

如上所述，根据《旧唐书·经籍志》和《新唐书·艺文志》的记载，成玄英的著述主要是对《老子》《庄子》的注疏。但两者记载略有不同，《旧唐书》记载成玄英有《老子注》二卷、《庄子疏》十二卷；《新唐书》则除《旧唐书》所记之外，还载有《老子开题序诀义疏》七卷、《庄子注》三十卷。成玄英的老庄学著作究竟如何？看来需要作一番考辨。

其一，关于成玄英的老学著作。

据史籍记载，成玄英的老学著述主要有《老子道德经注》二卷、《老子开题序诀义疏》七卷和《老子讲疏》六卷。

关于《老子注》，《旧唐书·经籍志》《新唐书·艺文志》《通志·艺文略》均著录成玄英《老子注》二卷，明末焦竑的《国史经籍志》也著录此书。另外，唐代道士张君相曾经汇集前人对《老子》的注解三十余家，其中将成玄英列为第二十八家，由此可见成玄英应该著有《老子注》一书。但令人疑惑的是，此书在《宋史·艺文志》已不见著录，因而长期以来，有人认为成玄英可能没有对《老子》作注。经笔者检阅典籍，发现宋代学者范应元的《老子道德经古本集注》中引用了成玄英对《道德经》第十章、第五十七章的两条注解，其内容与成玄英《老子义疏》并不相同，应该出于其《老子注》。由此可证，成玄英的确著有《老子注》一书，但此书今已亡佚。

关于《老子开题序诀义疏》，实际上由两部分内容构成：一是成玄英依据三国时吴道士葛玄为《道德经》所写的序而撰写的"开题"，其内容主要是对老子本人和《道德经》所作的通论性解释；二是成玄英对《道德经》内容的疏解，这部分内容是按照《道德经》八十一章的次序，先概括叙述每章思想要旨和前后关系，然后划分段落，逐句进行解释。成玄英的《老子开题序诀义疏》在《旧唐书·经籍志》中未见著录，到《新唐书·艺文志》才开始提及此书，名为《开题序诀义疏》，七卷。此后史籍《通志·艺文略》《宋史·艺文志》均著录成玄英有《道德经开题序诀义疏》七卷。此书早在北宋时即已亡佚，但在唐强思齐《道德真经玄德纂疏》、题名为顾欢《道德真经注疏》与宋代李霖《道德真经取善集》三书中，均有大量征引，强本、顾本尤多。另外，近世发现的敦煌古籍 P2517 号写卷为唐写本《老子道德经义疏》残卷，内容为《老子》第六十章"治大国若烹小鲜"至八十一章卷终，据马叙伦、蒙文通等学者考证，此即为成玄英《老子开题序诀义疏》残卷。由此可证，成玄英的确曾著有此书。

关于《老子讲疏》，只有杜光庭的《道德真经广圣义序》记载说"道士成玄英作《讲疏》六卷"，再不见其他史籍著录。蒙文通先生认为："杜光庭言道士成玄英作《讲疏》六卷，知成公《经疏》六卷，其一卷则所谓《开题序诀》者也。"台湾学者严灵峰认为此书即《老子道德经义疏》五卷和《老子开题》一卷合编而成。两人的解释虽然有差异，但认为《老子讲疏》并非独立成书的见解则是一致的，所谓的《老子讲疏》，就是成玄英《老子义疏》的主要内容，并非另有一书。

如上所论，成玄英的老学著作主要有两本，一是《老子注》，其主要内容已经散佚，当今仅存佚文两条；另为《老子义疏》，虽然也有散佚，但并非全部佚失。现代学者通过考证辑佚，力图恢复成玄英《老子义疏》的原貌，形成的本子有三种。一是蒙文通辑校本。蒙文通根据近世发现的唐写本《老子道德经义疏》残卷（敦煌古籍 P2517 号），并与《道藏》强思齐、顾欢诸本所录成玄英《老子义疏》相校勘，合辑成《老子成玄英疏》六卷，1946 年由四川省立图书馆印行，巴蜀书社 2001 年出版的《蒙文通文集》第六卷《道书辑校十种》也有收录。二是严灵峰辑校本。严灵峰根据相关文献辑成的《辑道德经开题序诀义疏》五卷，收入严灵峰《无求备斋老子集成》初编（之三），由台湾艺术印书馆于 1965 年印行。三是藤原高男本。日本学者藤原高男根据大渊忍尔的说法，认为《道德经开题序诀义疏》七卷，即是《道德经义疏》五卷、《开题》一卷、《序诀义疏》一卷之总称，故对蒙、严有所指正，而编有《辑校赞道德经义疏》，收入日本《高松工业高等专门学校研究纪要》第 2 号，于 1967 年出版。这是成玄英《老子义疏》的主要版本。

其二，关于成玄英的庄学著作。

成玄英的庄学著述，《旧唐书·经籍志》载有《庄子疏》十二卷，而《新唐书·艺文志》所载《庄子注》三十卷、《庄子疏》十二卷。如是，则成玄英的庄学著述，似有《庄子注》与《庄子疏》两种。

先看《庄子注》。成玄英是否有注《庄》之作，值得怀疑。因为虽然《新唐书·艺文志》和宋代学者王应麟的《玉海》都载有成玄英《庄子注》三十卷，但《旧唐书·经籍志》、宋代学者陈振孙的《直斋书录解题》、郑樵的《通志》、晁公武的《郡斋读书志》和宋元之际马端临的《文献通考》都没有记载成玄英有注《庄》之作，且此书在历代文献中没有一条佚文，也没有后人对之进行任何评述，所以此书应该不存在。另外根据成玄英《庄子疏序》所说，他的《庄子疏》是"依子玄所注三十篇，辄为疏解，总三十卷"，可以推断《新唐书·艺文志》和王应麟的看法，应该是误把《庄子疏》当作《庄子注》。如此，成玄英并未作《庄子注》，而仅有《庄子疏》三十卷。

再看《庄子疏》。成玄英的《庄子疏》一直流传至今，没有散佚，但历代文献著述对其卷数的记载略有不同。（1）《旧唐书·经籍志》、《新唐书·艺文志》、郑樵《通志》所载为十二卷；（2）成玄英《庄子疏序》所言为三十卷，陈振孙《直斋书录解题》与之同；（3）马端临《文献通考》同晁公武《郡斋读书志》谓"疏三十三卷"；（4）王应麟《玉海》有"唐成玄英疏三十三卷，本郭象注为之疏义""成玄英注三十卷，疏二卷""成玄英疏十卷，向、郭二注其义一也"三种相互矛盾的说法；（5）今本《正统道藏》则析成疏为三十五卷，是历来对《庄子疏》的多种分卷中卷数最多者。本书认为，上述文献著录的卷数不同，或者是把郭象之注误记于成疏之内，或者是对成疏的分卷不同所致，并非《庄子疏》有内容不同的版本。今依曹础基、黄兰发两位先生点校、中华书局1998年出版的《南华真经注疏》十卷三十三篇为正。

如上所述，成玄英的庄学著作，只有《庄子疏》一种。关于此书的古代版本，有道藏本、古逸丛书本等，现代比较通行的版本，主要有郭庆藩的《庄子集释》本和上述曹础基、黄兰发点校的中华书局本。另外，在台湾学者严灵峰的《庄子集成初编》中对各种版本的《庄子疏》也有所收录。

其三，关于成玄英的其他著作。

除上述《老》《庄》学注疏之外，根据历史文献的记载和引用情况，成玄英还有《度人经义疏》《九天生神章经注》《周易流演》三种著作。

《度人经》是道教灵宝派的重要经典，根据文献记载，成玄英对此书曾作过注疏，如宋代郑樵《通志·艺文略》对此就有著录。成玄英此书的注疏早已散佚，所幸的是在北宋初陈景元的《元始无量度人上品妙经四注》、北宋末刘元道的《灵宝度人上品妙经旁通图》、南宋陈椿荣的《太上洞玄灵宝无量度人上品经法》、萧应叟《元始无量度人上品妙经内义》、元陈致虚的《太上洞玄灵宝无量度人上品妙经注》中，对成玄英的注解均有称引，故有人据此而把成玄英对此经的注解命名为《度人经注》。但准确言之，此书实际上是"疏"而非"注"。北宋刘元道《无量度人上品妙经旁通图》下卷云："李少微《灵宝经注》，成玄英《度人经疏》。"又《通志·艺文略·道家类》云："《灵宝度人经》一卷，又四卷李少微注，又四卷道士成玄英疏义。"《宋秘书省续编到四库阙书目》子类道书条云："《灵宝无量度人上品妙经》一卷，李少微注《灵宝无量度人上品妙经》四卷，道士成玄英撰《灵宝无量度人经疏义》四卷。"据当今学者砂山稔考证，《度人经注》事实上是对李少微注的疏解，强昱教授则认为是对严东注的疏解。无论成玄英的注解是依据何人的《度人经注》，但都说明其书本身并非"注"而是"疏"，今且名之为《度人经义疏》，以正其名。关于此书，目前尚无整辑本，但陈景元的《元始无量度人上品妙经四注》引用成疏最多，共七十九条，约为原注文的五分之一左右。通过这些疏文，可以窥见成玄英《度人经义疏》的思想梗概，故而成为目前研究成玄英《度人经义疏》的主要文献。该书今见存于《道藏》洞真部玉诀类，新整理点校的《中华道藏》亦有收录。

《九天生神章经》也是道教灵宝派的重要经典，成玄英是否为该书作过注疏，《旧唐书》《新唐书》都无著录，但据宋末元初人张守清所作《九天生神章经注序》中所言，他曾经听说薛幽栖、李少微、成玄英对《九天生神章经》有注解，可惜没有见过。据此而言，成玄英尚有《九天生神章经注》，只是宋元时已佚。

《周易流演》大概是成玄英阐发其易学思想的一本著作。此书新旧《唐书》无著录，而见载《宋史·艺文志》和晁公武《郡斋读书志》，均记为五卷。宋王应麟《玉海》、元马端临《文献通考》也对此书有记载，但名为《周易流演穷寂图》。关于此书的内容，《宋史·艺文志》认为是"错综六十四卦，演九宫以值年月日，推国家之吉凶"，想必是借助周易六十四卦来预测国家大事的数术类著作。强昱考证认为，《周易流演》佚于宋元之际。

如上所述，成玄英一生的著作颇多，除去亡佚不可知与名异实同的诸书，目前所知的主要有《老子注》《老子义疏》《庄子疏》《周易流演》《度人经义疏》《九天生神章经注》等。通过这些著作的名称，我们可以大致推想成玄英的思想主要集中在对道家道教典籍的注疏方面。但因为其著作大多散佚，今可见的仅有《老子义疏》《庄子疏》《度人经义疏》三书而已。这三部书即是目前研究成玄英思想所依据的基本文献。

三、生平著述的现代考论

思想家的思想发展与思想家个人的生命历程总有着密切的联系，要深入地理解其思想，就需要尽最大可能了解其生命历程。但仅根据以上有限的史料，对展开成玄英思想的充分探讨还是远远不足的。直到 20 世纪，随着成玄英思想研究逐渐成为隋唐道家道教研究的关注重点，成玄英的生平之谜，才引起了学者们的关注和思考。为了更加充分地了解成玄英这一位思想家，对前人的考证成果和主要观点作一番简要的回顾和评价，也是完全有必要的。

《新唐书》已经为我们大致勾勒了成玄英的一生。但关于成玄英生平的具体细节，如成玄英出身于道教何门何派？他什么时候隐居东海？为什么唐太宗召他到京师长安？他在京师长安有哪些主要的活动？为什么他会被流放？流放之后他做了什么？对于这些问题，大陆学者吴受琚、卢国龙、强昱，台湾学者龚鹏程、周雅清、蒋淑珍，韩国学者崔珍晳等已经根据相关历史文献作了推测考论。

其一，关于成玄英的生卒时间。 强昱认为，根据韦述《两京新记》所载，武则天垂拱年间（685～688），成玄英的著作已得到重视和流传，这时成玄英可能尚在人世。从贞观五年（631）到垂拱年间，成玄英有时限可考的已有五十八年，如果假定成玄英入京时约当于二十五岁至三十岁之间，则据此亦可大略推知成玄英约生于隋仁寿年间（601～604），卒于垂拱之后则天称帝（690）。强昱的这一考证，成为我们阐述成玄英思想时代背景的大致范围。

其二，关于成玄英隐居的问题。 从《新唐书》《文献通考》的记载来看，好像成玄英虽然是河南陕县人，但在早年就隐居在距其家乡千里之外的"东海"，也就是今天江苏北部连云港北海一带。成玄英为什么、又怎样从河南西部跑到遥远的江苏北部隐居，这是个令人费解的谜。对此，强昱作了大胆的推测，认为可能由于隋末战乱的原因，所以成玄英跟随家人到了江苏一带，随后出家为道，隐居于此。依据强昱的推断，成玄英隐居东海应该是他应召之前的事情，但结合成玄英流放一事，这一点则难以成立。按照《唐律》，一旦获罪流放，不得流于犯人故籍和原住地，如果成玄英早年隐居连云港一带的话，则必不可能又被流放到此地。再者，如果成玄英的确早年隐居东海，但他身居僻乡陋野，又如何能为身居庙堂之上的唐太宗所知？这也令人费解。所以成玄英隐居东海一事，应在其流放之后。

其三，关于成玄英在京师的活动问题。 成玄英在京师的活动，文献资料较少，所存的主要是关于他受封西华法师和参与佛道论争的事。成玄英积极参与佛道论争的事，道宣的《续高僧传》《集古今佛道论衡》和道世的《法苑珠林》所载已详。但关于成玄英受封西华法师一事，则有不同的认识。首先，关于"西华法师"的含义，一般认为就是西华观的法师，而蒋淑珍则认为："西华"为县市的名称，隶属于河南省。太宗封成玄英为"西华法师"，与其居住地缘有关。但如上引《法苑珠林》明确说"西华观道士成玄（原作武）英"，可见成玄英为西华观道士，故从前说。其二，关于成玄英受封西华法师的时间，马端临认为是在贞观五年（631），强昱认为这种说法是错误的，因为西华观原名龙兴观，因为道士秦英贞观五年为患病的太子承乾祈祷获愈，太宗为其将龙兴观更名为西华观，秦英即西华法师。贞观十七年，秦英以左道得幸太子被诛，则十七年之前只有秦英一西华法师，不可能一观之内有两西华法师。因而太宗为成玄英加号应在贞观十七年之后。今以强说为正。

其四，关于成玄英获罪流放的问题。成玄英获罪流放的说法最早出于《新唐书》，但只是较为明确地说明成玄英获罪流放的时间大约在唐高宗永徽年间（650~655），被流放的地点是郁州（今连云港一带），对于其流放的具体原因和成玄英流放后的情况没有说明。强昱考证认为，成玄英获罪流放，可能与其早年的一部著作相关。据考证，成玄英著有《周易流演》一书，其性质是借助《周易》的思想来"演九宫以值年月日，推国家之吉凶"，属于隋唐所禁谶纬之书。永徽中，全国出现范围较广的灾情与成玄英《周易流演》所测不幸相合，所以有流放之事。这当然是一种较为合理的推测。同时，强昱认为成玄英流放期满之后还回到京师，否则，道王李元庆不可能派遣文学贾鼎向他学习《庄子》，他也不可能邀请嵩高山人李利涉为他的《庄子疏》作序。这一种说法也是合理的，根据《唐律》，流刑都是六年放归，遇到大赦，还可提前。在这种情况下，成玄英可能回到京师，也可能隐居东海。强昱的观点，可备一说。

其五，关于成玄英著作的完成时间问题。

关于成玄英老学著作的完成时间。关于《老子义疏》中的《开题》部分，因其中载有"唐贞观十一年，有诏以皇家宗祧系自老君，给庙户廿人，修葺院宇"一事，即贞观十一年（637），唐太宗下诏奉老子为李唐先祖。强昱认为，这有两种情况：一是贞观十一年为成玄英《开题》的最终修订完成时间，一或为传抄者所加。因此，不能视其为最初的创作完成时间，而定为《开题》修订。关于《老子义疏》中的《义疏》部分，因唐强思齐《道德真经玄德纂疏》卷首云"其（成玄英）委曲玄旨，具在开题义中"，又成玄英《老子义疏》十四章注解云"解此真应两身作三乘义，释具在开题义中"。可见《道德经义疏》应作于《开题》后，而罗振玉通过对写本避讳情况的考察，认定敦煌所书经卷是唐高宗时传抄。故《老子义疏》可定于永徽流放之前，贞观年间完成。

关于成玄英《庄子疏》的完成时间。关于《庄子疏》的著述时间，也可从有关材料中推寻一二。《新唐书·艺文志》载，成玄英庄学著述完成之后，道王元庆遣文学贾鼎就授大义和嵩高山人李利涉为之作序。强昱考证认为，永昌元年（689）夏四月，道王元庆被武则天处死，李利涉为之受贬南方。李序今已不存，但可知此年之前《庄子疏》已经完成，而根据韦述《两京新记》可见，则天垂拱年间（685~688）《庄子疏》已经完成并引起社会重视，这又可将《庄子疏》的完成时间提前几年。本书认为，强昱所考其中有材料失误的地方，即根据《旧唐书·高宗本纪》，道王元庆死于麟德元年（664）四月，而并非永昌元年。根据《旧唐书·则天皇后本纪》，这一年武则天处死的是道王元庆等诸王的子孙，而并非道王。强说当是引用材料有误,如是成玄英的《庄子疏》最晚于麟德元年四月之前已经完成。更进一步,成玄英《庄子疏序》有言,"少而习(庄子)焉,研精覃思三十(年)矣",古人以三十岁以前为"少",若成玄英最晚在三十岁研习《庄子》,则其《庄子疏》完成时间不得早于其六十岁,从其生于隋仁寿年间(601~604)算起,也应在660年至664年完成,所以可以断定《庄子疏》一定完成于永徽(650~655)流放之后。

关于其他几部著作。强昱认为,《周易流演》当完成于贞观末年,所以才会有永徽流放的事,而《度人经义疏》中又有应是出于《周易流演》的引文,所以应在其后完成。同时,强昱认为《老子义疏》是成玄英"重玄思想"的准备和建立,而《度人经义疏》中有更为明显的"重玄思想",应该是成玄英"重玄思想"的进一步发展。所以《度人经义疏》约当作于高宗显庆(656~660)之时。但韩国学者崔珍晳、中国台湾学者周雅清认为《度人经义疏》对传统道教理论没有明显突破,也没有明显的重玄学特色,因此不能作为晚于《老子义疏》和《庄子疏》的作品。本书认为,就《度人经义疏》与《老子义疏》相互比较,其更具有浓厚的宗教色彩,对《度人经》和传统的道教观念缺乏更多的创造性诠释,整体思想水平较低,应该是成玄英的早期作品,其完成时间要早于《老子义疏》。进一步考虑到《老子义疏》作于贞观年间,成玄英这一时期已经受诏入京,初唐王朝支持老学的文化政策和当时重视《道德经》诠释的文化思潮不能不对成玄英产生重大的影响,而在这一时期疏解《度人经》不大可能,故本书认为《度人经义疏》的完成,应在贞观入京之前。至于《周易流演》和《九天生神章经注》这两部作品,因为《度人经义疏》引用了《周易流演》,故《周易流演》的完成应早于《度人经义疏》,《九天生神章经》和《度人经》一样，都是灵宝派经典，思想接近，成玄英的《九天生神章经注》应该和《度人经义疏》大约同时，都是其早期作品。如上所述，成玄英著作的成书先后应该是以《周易流演》《度人经义疏》和《九天生神章经注》为早期作品，约当完成于贞观入京之前；《老子义疏》为其思想中期作品，完成于贞观入京之后、永徽流放之前；《庄子疏》为其晚年著述，应完成于永徽流放之后。这样的判断，也和成玄英的生命历程是基本一致的。

其六，关于成玄英的学术宗源问题。由于史料匮乏之故，成玄英之学术宗承，颇难考定。目前，学者依据现有资料，做出了三种推论。第一种以台湾学者龚鹏程为代表，他以地缘性及楼观道偏重老学及玄理性较强，证明成玄英与楼观道有渊源。第二种以卢国龙为代表，以《取善集》引文、刘进喜与成玄英在京时间、活动地缘关系，以及成玄英邀请嵩高山人李利涉作序一事，推论成玄英应该是师承于嵩山派。第三种以吴受琚为代表，依据臧玄静和成玄英在太玄三典和"重玄"之学的渊源关系，以及成玄英对臧玄静的称谓独尊三点，认为他们有学术宗承关系。本书认为学者思想的发展变化，与其学术视野的不断开阔有密切的关系，但要追踪其师承关系，则应该从其较早的思想形态出发。成玄英贞观入京前的著作是《周易流演》《度人经义疏》和《九天生神章经注》，在这三部著作中，《九天生神章经》和《度人经》一样，都是灵宝派经典，选择这两部灵宝经典予以注疏，本身就表明成玄英对灵宝经典的认同和信服。其次，通过《度人经义疏》残存内容的检索，可见成玄英这一时期已经熟读的经书主要有：《内音玉诀》《西升经》《本行经》《大洞经》《三元品诫》《本相经》《真一口诀》《赤书》《礼记》《汉书》等，几乎全为道教系统的经书，而其中灵宝类经典占主流，可见灵宝派思想在此时对成玄英影响极大。另外，成玄英为河南陕县人，这里是灵宝派传播和影响的地方，成玄英出身灵宝派的可能性最大。他能得到唐太宗的赏识而被征召进京，也应与当时已经在京师的灵宝派学者如刘进喜、宋文明等人不无关系。反过来，成玄英在幼年即研习《庄子》，而楼观派当时并不重视《庄子》，只有灵宝派和上清派对《庄子》较为重视。所以成玄英不可能出身楼观派，而出身于灵宝派的可能性极大，他出家修道的地点，可能在离其家乡不远的嵩山。至于成玄英对《老子》的看重和著述，这是唐朝重视《老子》的时代思潮所致，玄理品格也是初唐学术佛教、玄学交融影响的结果。对臧玄静的尊敬，与其学术观点的选择和当时楼观道、上清派的逐渐繁荣有关。

如上，可将成玄英的生平著述情况简述如下。

成玄英，河南陕县人，约生于隋仁寿年间，早年出家，为灵宝派道士，自幼学习道家道教经典，著有《周易流演》《度人经注》《九天生神章经注》等道教作品，引起道教界和朝廷注意。唐太宗贞观五年，成玄英应诏入京。从本年到贞观二十三年，是成玄英在京师长安极为活跃的时期。这一时期，成玄英不但积极地参加了三教之间的论争，还完成了《老子注》《老子义疏》等著作，因而获得了相应的宗教、学术和政治地位，被唐太宗赐封"西华法师"。高宗永徽年间，成玄英因其《周易流演》预言国家吉凶不幸言中，为此获罪流放郁州，此后隐居东海，潜心完成《庄子疏》，约在则天垂拱年间去世。其平生著作多有散佚，唯《老子义疏》《庄子疏》《度人经义疏》传于今世。

第 2 章

仙道贵生，无量度人
——以《度人经义疏》为核心的早年思想

根据有限的史料文献可知，成玄英在唐贞观五年（631）应诏入京之前已经出家为道，他除了完成对《度人经》《九天生神章经》等道教经典的注疏之外，还完成了一部易学著作《周易流演》，而这时的成玄英还不到三十岁。由此可以推知，少年成玄英天资聪颖且刻苦勤奋，他在这一时期熟读了大量的道教经典，并在道教界乃至政治上获得了一定的声望。若非如此，就难以理解他何以英年早熟，何以能在《度人经义疏》中纯熟地引用大量的灵宝类道教经典，何以能引起唐太宗以及朝廷的重视并召其入京，参与国家层面的宗教事务。但由于史料文献的缺乏，我们已经难以知道成玄英的家庭出身和文化背景，也不可能知道他具体在什么时间、什么地点出家为道，连同他的学术师承、出家先后的生活细节、社会交游等也不可得知。对于成玄英研究来说，这的确是一个极大的缺憾。

所庆幸的是，在《道藏》中残存了一部成玄英这一时期的著作《度人经义疏》。通过对这部著作的解读可以看到，在这一时期，成玄英表现出对众生悲苦生命的深切同情和对道教神仙存在的忠诚信仰。而热衷于神仙信仰，渴望能有真正的圣人降临于世，引渡世人解脱苦难，上登仙界，是成玄英的思想重点。

一、生命关怀的社会现实根源

思想家自身思想的形成总是与其所处的社会环境和个人生命历程有着密切的关系。一般而言，思想家个人处于特定的时代之中，他对时代中的社会现实问题感受越深刻，就越能激发他思想的深度，这就是思想家从事思想活动的现实根源和内在动力。通过对《度人经义疏》的解读可以看出，对众生悲苦生命的深切关照，是成玄英早期思想形成的内在动力和现实起点。这一现实关怀的形成，正是成玄英自身生命境遇和特定时代问题的突出体现。

成玄英大约出生于隋仁寿年间，从这一时间到唐贞观五年应诏入京，其间大约有三十年左右，但这三十年却是隋朝走向衰落灭亡、唐朝继而新建崛起的三十年。隋炀帝的残暴统治、农民起义的风起云涌和豪强群雄的彼此混战，是这三十年的时代主题。成玄英的早年，就是在这种极不平凡的动荡时局中度过的。况且成玄英的家乡在河南陕县，其出家修道的地点在离其家乡不远的嵩山。这里正是隋末唐初赋税最沉重、兵火最惨烈的地带，以这一带为中心，回顾一下当时的重大历史事件，对理解成玄英的生命感受是完全有必要的。

隋仁寿四年（604），约当成玄英的幼年。在这一年，隋文帝的二儿子杨广弑父杀兄，登上帝位，他就是中国历史上有名的荒淫暴君隋炀帝。隋炀帝统治残暴，骄奢荒淫，"负其富强之资，思逞无厌之欲"，对内大兴土木，频频出巡游玩，对外穷兵黩武，不断发动战争，繁重的赋税、徭役、兵役使得田地荒芜，民不聊生，加之以自然灾害，更使老百姓的生活陷入水深火热之中。

第一，隋炀帝不惜民力，大兴土木。 仁寿四年他继位之后掘长堑，征发民力十万人；大业元年（605）又营建东都洛阳，其工程浩大，每月要有二百万人在工地上劳作不休。同时，隋炀帝开通济渠（河南荥阳到江苏淮安间的运河）和邗沟（淮安到江苏扬州间的运河），并沿着运河营建皇宫四十余所，动用三百余万人；大业三年修长城，征用民力一百万人；大业四年修永济渠，又征调民力一百万人。五年时间劳作不休，共征调民力不下六百万人，这大大加重了老百姓的徭役负担。

第二，隋炀帝好大喜功，贪慕虚荣，大大加重了老百姓的经济负担。 如大业六年正月，隋炀帝在东都洛阳用巨额国财招待西域商人，要求洛阳的店铺都用帷帐装饰，西域商人的吃住完全免费，国库财政耗费巨大。运河开通后，隋炀帝三次出游江都，皇家所乘龙舟数千艘，动用八万余纤夫拉行，禁卫军（骁果）乘坐的军舰也有数千艘，由军士自己拉纤。万余艘船只，首尾相衔二百余里，饮食供应由五百里以内地方政府奉献，宫人无法吃完则一概抛弃。如此挥霍，造成国家财政的极大浪费。

第三，隋炀帝穷兵黩武，连年征战。 大业元年，隋炀帝派兵攻伐契丹，随后又挥兵北上，先于大业四年派军灭吐谷浑；又在大业五年亲率大军西巡张掖；随后还派大军向东南发动了一系列开疆拓土的战争，这些战争使隋王朝的领土疆域扩大到新疆、蒙古、安南、占婆（今越南地区）及海南、台湾等地。接着，又在大业七年至大业十年连续发动了三次对高丽的战争。当时，黄河正发大水，三十余郡成为泽国，饿殍遍野，但隋炀帝不顾民间苦情，下令调集百万大军于涿郡，粮秣集中于辽西郡（今辽宁义县），又强征百万民夫赶造战船，运输粮械。迫于军令，造船工匠站在水中昼夜施工，腰部以下都生满蛆虫，半数死亡。运输路上车船衔接，十余万人川流不息，病死饿死者无人收葬，尸体横路数百里。

隋炀帝对人民奴役征敛十分苛重且滥用民力，巨大的工程和连年的战争使民生不堪重负，大规模的徭役、兵役和沉重的赋税，使隋朝社会经济受到严重摧残。到隋朝后期，社会凋敝，民不聊生，危机四伏，大规模的农民起义终于爆发了。大业七年，隋炀帝征集大批士兵准备进攻高丽时，邹平（今山东邹平西北）人王薄率众在长白山（今邹平南）起义，举起了反隋第一面大旗。随后，平原（今山东德州市）刘霸道、漳南（今河北故城县东北）孙安祖、脩（今河北景县）人高士达相继举行起义；大业九年，济阴（今山东曹县西北）孟海公、齐郡（今山东历城县）孟让、北海（今山东青州市）郭方预、河间（今河北沧州市）格谦、渤海（今山东阳信县）孙宣雅相继而起；余杭（今浙江杭州市）刘元进、梁郡（今河南商丘市）韩相国、吴郡（今江苏苏州市）朱燮、扶风（今陕西凤翔县）向海明、淮南杜伏威等也都纷纷聚众起义。各地的农民起义犹如干柴烈火，在全国范围内点燃，短短两年时间就发展到百余支，人数几百万，隋朝统治政权很快陷入了农民起义的汪洋大海之中。

农民起义遭到隋王朝的残酷镇压，从大业七年起，各义军与隋军的战争在全国范围内此起彼伏，接连不断。在农民起义的打击下，隋王朝摇摇欲坠，已呈土崩瓦解之势；一些贵族官吏、豪强地主也伺机而动，举兵反隋。大业九年六月，隋礼部尚书杨玄感在黎阳（今河南浚县东北）举兵反隋，进围东都洛阳；大业十三年五月，隋太原留守李渊从太原起兵，乘虚进占关中，夺取隋都长安（今西安），并于次年五月称帝，建立唐朝。在此前后，拥兵自立、称王称帝的有金城薛举、武威李轨、马邑刘武周、朔方梁师都、洛阳王世充、江陵萧铣、豫章林士弘、河北窦建德、江淮杜伏威、辅公祏等。隋末群雄割据的局面已经形成。随着不同性质的地方武装力量的形成，全国陷入连续不断的大大小小的群雄混战之中。唐王朝建立后，统一大业尚未完成，各地战争仍然继续。一直到唐武德七年（624），唐相继击灭各地割据势力和隋末农民起义军，战争才基本结束。

暴君的统治和连年的战争，无疑是造成人们生命苦难的现实因素。在这种形势下，群雄豪杰可以揭竿而起，但对于平民百姓来说，则往往为了躲避现实的苦难而寻求宗教的庇护。处身乱世，成玄英和当时的许多老百姓一样，不得不为了躲避沉重的赋税徭役和战火而出家为道，到宗教中寻求生命的保全和精神的解脱。但就是投身宗教，也不能摆脱生命苦难对心灵造成的创伤。"梦里依稀慈母泪，城头变幻大王旗"，混乱的时局不能不给少年成玄英的心灵留下深刻的影响，对生命的关怀，也自然会成为他思想中的重要主题。

二、早年道教信仰的基本特点

思想体系的形成，除了与思想家所处社会现实有密切的关系之外，还与其个人所处的文化环境有着重要的关系。前一方面往往给思想提供现实关怀和终极问题，而后者则往往决定和影响着思想家解决问题的思想资源。这两个方面相互影响，共同交织出一幅完整的思想面貌。那么，成玄英早期的思想状况大致如何呢？对这一问题，由于缺乏直接的史料依据，很难展开论述。但通过对《度人经义疏》中引用文献的检索，则大致可以断定成玄英当时所熟悉的文献范围，从而为了解其思想渊源和主要思想倾向奠定基础。

根据笔者对现存的《度人经义疏》内容的检索，成玄英在其中引用的著作情况是《内音玉诀》《西升经》《本行经》《大洞经》《三元品诫》《本相经》《真一口诀》《赤书》《礼记》《汉书》各一次，其中除《礼记》《汉书》之外，都属于道教类的典籍，而《内音玉诀》《本行经》《大洞经》《三元品诫》《真一口诀》《赤书》这六种，都是道教灵宝派的重要典籍。可以断定，成玄英应该出身于道教灵宝派，而灵宝派的信仰特点和思想倾向，无疑构成了这一时期成玄英的主要思想倾向，也必然会对他以后的学术方法造成一定的影响。因此，结合灵宝派的思想特点，考察成玄英这一时期的思想特征也是必要的。

成玄英这一时期的思想基本上完全是道教的宗教信仰，他认为神仙存在，相信神仙可学，追求长生不死，而这正是这一时期所有道教教派的共同特征。但是由于受灵宝派的影响，成玄英的思想也具有不同于其他道派的一些特征。

其一，信奉以元始天尊为最高神的神仙谱系。当时道教各派信奉的最高神各有不同，但灵宝派所建构的神仙谱系中，以元始天尊为最高之神，有十方度人不死之神、三界、五帝、三十二天帝、地府丰都等。这些神仙时刻监察人间善恶，观察人的行为，并对人的善恶有所奖励惩罚。在《度人经义疏》中，成玄英完全认同和接受元始天尊为最高神的宗教观点，认为元始天尊不仅是理想生命境界的化身，而且是道德圆满的化身，只有信奉元始天尊，才有可能彻底摆脱生命的种种苦厄，上登仙界，成为不死的神仙。

其二，信奉葛玄为道教灵宝派的祖师。灵宝派所尊奉的祖师是三国吴道士葛玄。灵宝派称葛玄为"太极左仙公"，其大部分的经典都是伪托其名编造的，如《洞玄灵宝本行宿缘经》原名为《太极左仙公请问经》，《洞玄灵宝本行因缘经》原名为《仙人请问众圣难经》等。成玄英在《度人经义疏》中对葛玄极为尊敬，称之为"仙公"，大量引用这些依托于葛玄的经书，说明了他也认同葛玄为灵宝派的祖师。后来成玄英的《道德真经开题》，仍然是本于葛玄的《道德真经序诀》而作，其中对《序诀》引用之处甚多，由此可见成玄英对葛玄的认同和信服。

其三，信奉灵宝派的道经为真正的经典。灵宝派所奉经典，以较早出世的《灵宝五符序（经）》《灵宝赤书五篇真文》和稍后出世的《灵宝无量度人上品妙经》（简称《度人经》）为最重要。但因《度人经》强调劝善度人，标出了该派立教的主旨，故特别为后世灵宝派道士所重视，因此后来《度人经》就成了灵宝派的祖经，许多道士皆为之作注，成玄英就是其中之一。成玄英选择《度人经》为基本经典，在其疏解中也主要借助于灵宝类的道经，说明他对道教灵宝派经典的认同。

其四，信奉灵宝派的思想宗旨。灵宝派虽然注重祈祷请神、礼拜斋醮等法事进行"教化劝善"，注重符箓科仪，用符箓咒术来召神役鬼，消灾除病，上通天神，也主张导引炼气、存神、服气、叩齿、咽津等，但其更为重视劝善度人，阐扬"仙道贵生，无量度人"。灵宝派强调元始天尊有怜悯世人的慈悲之心，所以在不同的历史情境下降临人间，传授灵宝道法。如果世人只念度己，不念度人，只能成为地仙，不能成为天仙，只有奉行"劝善度人"的原则，才有可能成为更高境界的神仙。进而，灵宝派认为"善有善报，恶有恶报"，劝诫世人只有行善，才能得到福报，如果行恶，则受到惩罚。众生如能齐心修斋，诵经礼忏，六时行香，修持不断，则可登仙界。对于这些，成玄英都是认同的。

其五，接受灵宝派援佛入道的思想倾向。灵宝派的成仙思想具有浓重的佛学色彩。由于南朝时期所出的"灵宝经"大量汲取佛教的"因果报应""三世轮回""涅槃灭度"等思想，所以它的成仙思想被染上浓重的佛学色彩。如《太上洞玄灵宝智慧定志通微经》宣扬"以有生为空幻，故忘身以济物"的思想，既不爱身，也就不再追求肉体不死、即身成仙，而只追求积功累德，死后升入仙堂，或来世成仙，这与道教原来提倡的"爱身养生"的宗旨大异其趣。而不少"灵宝经"，如《九天生神章经》《升玄内教经》《诸天内音经》《洞玄灵宝智慧定志通微经》等，更宣扬要经过几死几生、若干轮回、累世积德之后才能成高仙。灵宝派所宣扬的成仙说，无疑是对原有的不死神仙说的修正。灵宝派吸收佛学的思想传统，对成玄英的思想发展具有一定的影响。这除了在《度人经义疏》中有所表现之外，在其后来的思想中也有明显的表现，如贞观年间成玄英与玄奘就翻译《老子》一事论战，就主张借用佛教观点来翻译《老子》，而在《老子义疏》《庄子疏》中也明显有吸收佛教思想的倾向。

总而言之，成玄英的早年思想基本上归属于道教灵宝派，他信奉的道教神仙谱系、所尊奉的教派祖师、所诵习的道教经典、所接受的道教思想等，基本上都是以灵宝派为皈依的。结合当时的社会现实和《度人经义疏》的思想趋向，我们可以感受到早年成玄英对众生悲苦生命的深切同情；可以断定这一时期的成玄英已经形成了关注众生的普世情怀，确立了"无量度人"的道教信仰。可以说，热衷于神仙信仰，渴望能有真正的圣人降临于世，引渡世人解脱苦难，上登仙界，是成玄英这一时期的思想重点；而对悲苦众生生命的深切关照，则是成玄英思想的内在动力和现实起点，这一点贯穿于成玄英思想的始终，一生未曾发生改变。

三、《度人经义疏》的思想特色

对社会现实的关怀角度，总是在特定的人生际遇和文化背景下产生的。隋末暴君的荒淫，群雄的混战，站在道教特别是灵宝派的文化视角来看，都意味着生灵涂炭，意味着对生命的一种践踏。但是，对于任何一个有限的生命个体，对于像成玄英这样一个处于社会权力范围之外、没有任何力量去改变现实的道士来说，他只能把自我和世人生命的关怀寄托于超现实的神的解救，只有把自我的身心全部交付予至高无上的神，才有可能摆脱生命的困境，实现理想的生命状态。通过成玄英对灵宝派所遵奉的经典《度人经》的疏义，可以明确看出他的这一思想倾向。

《度人经》又叫《元始无量度人上品妙经》，是道教灵宝派所遵奉的一部重要经典，共六十一卷。卷一为本经，其余各卷是对经文的展开。本经由《道君前言》《元始洞玄》《元洞玉历》《道君中序》《灵书中篇》《道君后序》六章构成。《度人经》的思想是在宣称"天地运度亦有否终，日月五星亦有亏盈，至圣神人亦有休否，末学之夫亦有疾伤"的前提下，即在肯定万有存在有限性的前提下，创造出以元始天尊为至高无上神、下有三界十方三十二天帝及地府丰都的鬼神谱系，进而宣扬"仙道贵生，无量度人"的宗旨，通过对神仙存在境界的美好描述、各方神人对世人的慈悲和监戒等方式，说明世人只有行善去恶，才有可能摆脱有限生命，获得仙人境界，并宣称本经是元始天尊传授给道君的经典，它由真气凝结形成，具有神妙的功能，宇宙中一切众生，如能齐心修斋、诵念本经，以求降福消灾，才能摆脱生命困境，达到理想境界，进登仙域。

陈景元编撰的《元始无量度人上品妙经四注》收录成玄英对《度人经》的疏解七十九条，都是对《度人经》的"本经"内容的疏解。从其内容来看，成玄英此时对道教的神仙信仰是坚定不移的，在这种宗教信仰的支配下，成玄英集中于对灵宝派《度人经》思想的全面认同。《度人经·元始洞玄章》开篇说："元始洞玄，灵宝本章，上品妙首，十回度人。"成玄英说："上品者，群经品秩之中，此品最为第一也。妙首者，此经有度人之法，为众妙之宗，故称妙首也。"他认为《度人经》为道教群经中的最高经典，这部经典的宗旨是使人生困境能够得到超度解脱，是所有道教经典的宗源。在这种思想认同的前提下，成玄英对《度人经》思想作了宣扬和阐释。根据本经所涉及的主要问题，成玄英主要论述了宇宙的存在问题，包括神仙、人类、鬼魂在内的众生的存在问题，以元始天尊为代表的上仙的品质问题，关于作为"真文"的《度人经》的品质和功用问题以及世人应该自我行为摆脱生命困境、追求神仙境界的价值取向和方法问题等等。应该说，成玄英这一时期的思想主要还是因循于道教灵宝派的基本观点，但由于他处于一个新的社会现实和文化背景下，故而对《度人经》的疏解也表现出一些新的思想特征和义理取向。

三界与诸天

"诸天"论是《度人经》和成玄英关于宇宙存在的理论。在这一问题上，《度人经》主要阐述了宇宙的本质、存在结构、存在状态问题，而成玄英也围绕这些问题作了具有一定思想创新的阐释。

《度人经》深受佛教宇宙论的影响。它认为，整个宇宙是无限的，但可以分为不同的存在空间。如果把宇宙的无限整体划分为三个大的层次的话，就是所谓的"三界"：欲界、色界、无色界，宇宙中的所有存在者都分布在三界之中。同时，《度人经》把宇宙划分为光明和黑暗两个部分，光明的部分称之为"天"，"天"也是划分为不同等级层次的，总称之为"诸天"。"诸天"按照东、南、西、北四个方位划分，每方为八重天，合为三十二重天。每一方位的不同层次的"天"中都有相应的"帝"作为主宰，是为三十二帝。

后来，《度人经》的注疏者把《度人经》"三界""诸天"的思想作了发展。他们一般把"诸天"理解为整个宇宙，同时把对宇宙划分为"三界"的观点修正为"四界"，即在欲界、色界、无色界的基础上加上了凌驾于三者之上的"种民四天"，并将四界和三十二天对应起来。如严东认为，宇宙划分为欲界六天、色界十二天、无色界十天、无色界之上四天，合计三十二天。这样三十二天就不是分为八个层次，每个层次按照四个方位的存在空间，而是完全按照等级层次排列的三十二个层次的存在空间。在严东的基础上，《度人经》的另一位注疏者李少微提出，整个宇宙实际上划分为三十六天，即欲界六天、色界十八天、无色界四天、种民四天，再加上三清天及大罗天。

严东、李少微的看法对成玄英构成一定的影响，他也主张把三十二天完全按照层次而不分方位排列，但与严东和李少微不同的是，成玄英认为整个宇宙实际上分为三十五天，即欲界六天、色界十八天、无色界四天、种民四天和三清天。三清天由高往低依次为玉清天、上清天及太清天，三清天已是最上之天，而无所谓高于三清天的大罗天。同时，成玄英认为这三天皆由北斗七星中的玄冥、真人、天关三台北斗星所主宰，将星宿与种民四天、三清天作以紧密的结合，成为其诸天说的特征之一。另外，成玄英还进一步将色界十八天又分为色尘六天、细尘六天及轻尘六天，这也是其思想的特色之一。

万有与妙气

诸天构成了整个宇宙的空间，这是宇宙中所有生命存在和活动的场所。不同的宇宙空间，并非一无所有的真空存在，而是充满着有形和无形的生命形态。要标举或者确立神仙的信仰，成玄英必须论证在不同的空间中的生命状态具有高下的不同，同时，要论证神仙可学，则要论证说明低层次的生命形态只要以更高层次的生命形态为目标，相信其的存在，信仰其的存在，并通过自身的努力可能达到更高的生命形态。这实际上是要论证所有众生的统一性。

首先，是关于存在于不同生命空间的生命形态的差异性问题。成玄英明确点出，诸天的层次不同，并不仅仅是物理意义上的空间高下的不同，而且意味着处于不同层次的空间存在着具有不同层次的生命状态。他认为，欲界六天的生命是负累最重的生命形态，而存在于色界十八天的众生的生命状态要比欲界六天要好得多，但仍然有累，不是最理想的生命状态；达到无色界，"形色都无"，才能获得长生，"同彼天人寿命"。但最高的境界是"上清玄都之境"，这个境界的山林城宇、宫殿台榭，都是自然妙气形成的，并非人力有为造作的，达到这个境界的人，其生命自然会得到日月连同五星、妙气的共同关照，舒适自然，长久不息。成玄英认为，在"上清玄都之境"之下的三十二天的众生虽然生命有高下不同，但都是有限的生命形态，这种有限性，主要表现在他们生命的存在是有缺陷的，不是圆满的；其次，还表现在这些生命总是在时间上有生有死，不可能长久存在。要超越这种有限性，只有信仰尊神元始天尊，在其引导下通过自身的不断努力来实现。

其次，不同的宇宙空间以及不同空间中的所有存在者是否具有统一的本质？在《度人经》看来，宇宙万物的存在，不管是有形的存在还是无形的存在，不管是神仙圣人还是凡俗魔鬼，都有一个统一的本质，而这个统一的本质就是灵宝派的最高神元始天尊。但是，《度人经》对于宇宙万物的统一性的认识并不是从本体论的层面展开的，它主要是依从于两汉以来的神学本原论思路。《度人经》说，"元始祖劫，化生诸天"，"上无复祖，唯道为身"。万物是元始天尊在宇宙演化的第一个阶段造就的，万物没有别的祖先，道就是它的祖先。按照道教的观点，元始天尊就是道的化身，两者是统一的，所以元始天尊就是万物的创造者、主宰者。但成玄英在这个问题上则偏离了道教神创论的观点，他提出万物的统一者就是"气"的观点，并认为，其原初的、共同的质料是"妙气"，而就当下的质料而言之，是"梵气"，就是混杂之气。万物的存在演化有一个过程。依据道教的说法，万物处于创生—消亡的无穷尽的大循环中，每一个循环，道教称之为"劫"。从元始天尊创生万物以来，"劫"的次序是：以"延康"为首，"龙汉"为次，"赤明"再次，劫劫相承，劫终之时则天地消亡。成玄英就最原初而言之，宇宙万物的本原是一致的，是"妙气"，在"延康"一劫，日月隐其精光，天地冥然无分，宇宙是一体的、精纯的妙气；迄至"龙汉"，混沌初开，而天地、三光仍未形成。在此二劫之间，唯有混杂的梵气运行于太虚中，梵气流行，遍满天界，运度金木水火土五常之气，五常之气得其作用，始成就变化生成之功,生成了万物。在气为宇宙统一本质的基础上,成玄英认为,诸天的存在并不是呆滞静止的,而是运动变化的,而且,其运动变化并非是杂乱无章的,而是有一定的规律性。因为诸天和宇宙万物的本质都是同一的元气,而元气本身就处于运动变化的状态,这样所有存在者都有可能突破自身的有限性,达到无限圆满的生命境界。

从此可以看出,成玄英的解释消解了道教的神话成分,具有朴素唯物论的色彩。这应该是成玄英受到两汉以降气化宇宙论的影响。首先,"妙气"与汉代所讲的"元气"相比较,除了多一些神学色彩,并重点突出了其具有玄妙、神妙的变化特征之外,在本质上并无不同。其次,"梵气"是混杂之气,是由"妙气"演化而来的,不同于"妙气"。成玄英认为"梵气"演化成五行之气,五行之气统属于"梵气"之下。他的说法,虽略过阴阳、四时两个生化阶段,与汉代所讲的"元气肇分阴阳,判为四时,列为五行,化生万物"的宇宙演化图式不同,但对于梵气或元气不能直接创生、五行才能直接生成万物的观点,也没有多大差异。再次,关于五行的方位排列,成玄英的解释与汉儒全同,认为金居西方,木居东方,火居南方,水居北方,土居中央,这应是他直接承自汉代的气化思想。

圣人与真文

在《度人经》和成玄英的思想中,元始天尊不但是宇宙万物的创造者,而且是整个宇宙中生命境界的最高人格。毫无疑问,这是道教神仙信仰的表现。成玄英说:"仙公者,太上高真之位也。若得飞度三界,先到种人四天,其上次有三清,乃是仙公之位。"仙公之位,指三清尊神,其治所,在所谓的"玄都玉京"。成玄英认为,京内"华饰妙丽,积金为阙,累玉为房",仙公"安居其上,胜妙殊绝",是最理想的神仙境界。仙公之首为元始天尊,是三清至高神。无论就其存在的环境来看,还是就其本身的生命状态来看,元始天尊都是最高的理想境界,这种理想的境界,不仅处于欲界的众生无法相比,就是处于色界的众生也无法相比,也超越了无色界的众生,无色界的众生仍然有心识,而元始天尊则没有心识,他与妙气一体同化,是行为的无为和生命的圆满的统一。

成玄英基于《度人经》的思想还认为,"上圣慈怜下界,降此真经,列以玄科,开人度物",元始天尊具有最高的道德心,他关照众生的悲苦,以无限的大慈悲超度世人,所以为众生说讲《度人经》,并将之传授给道君,让他传播给世人。所以,《度人经》就是真理的载体,就是元始天尊的化身,成玄英认为,《度人经》并不是凡俗思维的结果,而是自然妙气的凝结。他说:"此明真文玉字之缘起,皆是诸天上圣之高尊,及飞天大神、三界魔王、五方大帝等,和九气之精,合十方之音,变化上清天中之妙,流布三十二天,成其灵章之文也。"玉字即玉历,真文、玉历乃由诸天神明和合各界精气、妙音而成,宇宙初开,真文、玉历就散布于其间,表现出一原始的和谐秩序。什么是"真文""玉历"?"真文"与"玉历"是不是一回事?成玄英解释说:"玉是宝中之贵。历者,以历述为名。此明元始天尊将此真文,记录前代经历、劫劫运终之大数,以其真文可贵,历数可凭,宝而存之,谓之玉历。"成玄英相信,宇宙的形成与运行,皆有一定的规律及秩序作用于其间,此即真文。玉历为元始天尊记录前代开劫之经历与劫劫运化之大数,与真文的形成、功能相一致。

《度人经》认为,元始天尊所说之法就是《度人经》,而本经具有消解生命困苦甚至起死回生的无限的功能。成玄英接着

《度人经》的思想，认为众生聆听元始天尊讲《度人经》一遍，则耳闻心悟，获得了认知真理的能力；二遍则能认识文字，有一定的文化知识；三遍则能传说妙法，具有言说真理的语言能力；四遍则能身体力行，具有实践的能力；五遍则了悟在心，功滋福润，消解了人生的一切痛苦；六遍则进一步获得吉祥，可以返白发更黑，落齿更生；七遍则老者皆成少壮，少者更益康强；八遍则具有生养万物的神妙功能；九遍则能通于地理，地中宝藏自然显露，供人使用；十遍则能感动上天，起死回生。无论是对闻经一遍、二遍功能的说明，或是对闻经九遍、十遍功能的阐述，都可以看出成玄英对道教经典的信服与对元始天尊神力的崇拜。

总之，成玄英认为《度人经》的最终目的，就是引导世人摆脱现实的生命困境，从而上达仙境，成为不死的神仙。成玄英说："一国之人，受此度人妙法，故云：'皆受护度。'度得成真之道，故云：'咸得长生。'凡诸天人，病有轻重，修道之法，随功深浅，病轻则遍少而瘥，病重则功多而愈。故知诵经十遍，上达诸天，起死回骸，长生久视。"依"起死回骸"一句来判断，引文中所提到的"咸得长生""长生久视"，应是就肉体生命而言，与道教"肉体长生"的基本教义相一致。从此可以看出，成玄英思想的落脚点是肉体长生及飞身成仙的思想。

诵持与斋仪

那么，肉体如何可以长生？成玄英认为其途径不外乎听闻元始天尊讲授度人法及诵读《度人经》二种，只要持之以恒修习，必可度得成真之道，以致飞身成仙。他说："是知积学成真，通真入圣，生天生地，应用无穷，能知玉字之音，骨肉同飞有日。上学之士，勤而勉之。"凡人通过修习元始天尊所讲说的度人之法，即可证真成圣，骨肉飞升，身列神仙之位。

成玄英认为，对《度人经》的修习主要有两个方面，一个是对经典的诵习，一个是对经典思想的实践。

就第一个方面来说，有一定的斋仪。成玄英引用道经《三元品诫》说："正月三，阳气生，位在上元，诸天校定之时，宜度先祖。七月是中元校定之月，地官考校之辰，宜度己身。"炼度属于斋醮仪式之一，可大分为"生身受度"与"死魂受炼"两种，度己身即属于前者，度先祖则属于后者。道教重视炼度之法，针对炼度对象的不同，所设计出的炼度时间、程序及召请的诸神也不同，如成玄英所谓的正月三度先祖、七月度己身之类。炼度的功能不仅如引文中所提到的可以消灾拔苦，更可受度成仙，成玄英说："若死魂受生，皆蒙黄水炼度，以成真仙。"这足以说明，成玄英认为炼度之术是道教极为重要的度人法术。

其次是对经典的实践。成玄英认为，以经典指导自己的行为是成仙的内在要求，这个基本的要求就是要"行善去恶"。按照道教的观点，每个人的行为都有神鬼在监视，行善会得到奖赏，为恶则必然会受到惩罚，人只有多行善事，才有可能为成仙积累功德。成玄英在此基础上进一步认为，一个道士，作为修道之人，应该有普度众生的广阔胸怀。"谓修道之法，普度无穷，通济死生，动植咸润，上为皇家宗庙，下为五苦幽魂，岂独先超七祖！此乃使人追孝之心，故云为上世亡魂。"修道之人并不能狭隘地把度人局限于各自自我和自我的先祖，而应该把超度的对象放眼于整个宇宙中的一切众生，这不仅合乎儒家"孝"的思想，而且也合乎《度人经》"仙道贵生，无量度人"的宗旨。

从以上可以看出，成玄英《度人经义疏》的义理方向，是向道教神仙思想而趋。他从道教的文化角度出发，感于现实的困境实际上就是生命的困境，认为只有投契于神仙信仰，确信神仙的存在和神仙可修学而致，才有可能解脱生命的困境。在成玄英看来，神仙就是与现实生命困境相对的理想的生命存在人格，它是生命圆满的标志，同时神仙并不是仅仅关照自我生命的自私自利者，而是具有关照世人生命的普世精神的伟大人格，它创造《度人经》，演说《度人经》，传授《度人经》，其目的都在于帮助众生解脱生命的困苦。应该说，成玄英心中的神仙实际上就是对现实社会拯救力量的宗教幻想，他期望通过神仙来解救自身生命也是不合现实的宗教空想，但通过宗教的外衣，可以看到成玄英对世人生命的真实关照，对宇宙万物存在的一些理性认识，对文化经典的深刻依恋。

第 3 章

老学诠释中的理国理身之道
——以《道德经开题序诀义疏》为重心的中年思想

也许因为对道教经典的熟悉和对《度人经》的精彩诠释，年轻的成玄英很快就获得了道教人士的认同和赞扬，他的名字也在京师广泛流传开来，并为有意支持道教发展以维护李唐统治的唐太宗所闻知。贞观五年（631），唐太宗征召成玄英入住京师长安，参与宗教社会活动。从这一年开始到唐高宗永徽年间（650~655）被流放前，是成玄英人生的第二阶段，也是其宗教和政治生活的顶峰时期。在这一段时间里，成玄英的思想主题与当时的政治需要密切相关。他不但积极参加了当时佛道之间的多次辩论，而且通过对《道德经》的注疏，熔铸了囊括宗教信仰和政治需要、现世关怀和哲学思辨于一体的老学思想体系。正因为如此，成玄英进一步得到唐太宗的赏识和信任，不但令其进驻西华观，而且赐封其为"西华法师"，以"道门英秀，李宗之望"的身份，参与当时宗教界的高层事务。结合这一时期的社会政治、宗教关系和学术思潮，可以更好地了解成玄英中年思想的成就，把握他思想转变的内在理路。

一、老学的转型

成玄英中年时期的作品，主要是《老子注》《老子开题》和《老子义疏》。这一点表明，成玄英中年的思想重心较前发生了较大的变化，即他关注的经典文本已经从宗教意味浓厚的灵宝派经典《度人经》《九天生神章经》等转移到了哲学思辨性很强的道家经典《老子》之上。通过对成玄英这些老学著作的解读可以看到，成玄英这一时期的思想任务，即在认同老子和《道德经》本人和本文两者统一的前提下，确立两者在整个文化体系中最高的地位，并以之为基础，展开对《道德经》的思想解释。在诠释的过程中，成玄英也不再局限于道教的典籍，而是大量地吸收了佛学和庄学的观点，而其思想解释的落脚点，则在于"理国理身"。成玄英为什么会发生这样的思想变化？这与他入京之后所面临的政治任务和思想环境有着密切的关系。

李唐王朝对道教老学的大力扶持

成玄英应召入京并得到唐太宗赏识，从表面看是其个人思想的早熟和命运之神青睐的结果；其选择《道德经》作为经典文本并援引佛教思想予以阐释，也好像是出于其个人喜好的自由选择，但结合当时的社会实际来看，这两者都不是偶然的事件，而是唐初政治需要和道教发展两相结合的必然结果。

李唐政权建立之后，最重要的问题就是如何获得民众的政治认同以及实现稳定的统治。其考虑主要有四。（1）利用道教神仙信仰来制造李唐王朝得天所授、神圣不容动摇的政治神话。李唐王朝建立之初，其政治权力的合法性并没有得到合理的说明，在当时的背景下，也只有从君权神授的角度加以论证。而道教经过长期的传播，在社会上已经有广泛的影响。同时，道教历来擅长利用神仙信仰来制造各种政治神话。道士也乐此不疲，如武德元年（618）正月，有道士称言老君屡屡现身于羊角山，告谓李唐"社稷延长"，便是借由神话以巩固其政权的集中表现。(2) 利用老子确立李氏在汉文化中的正统地位并抬高其门第声望。初唐之际，士族门阀的风气仍然浓重，李氏虽是关陇贵族，但其先祖却出于拓跋胡族，并不为江南及山东的王、谢等大家族所看重。针对这种不利于王权独尊的情况，唐王朝从高祖李渊执政开始，便自认为老子的后代，意图利用老子名为李耳的说法及其广泛的社会影响，获得为汉文化所认同的政治身份，而这一点正好也是尊奉老子为神灵的道教所期望的。(3) 维护社会稳定的需要。自南北朝以来，佛教发展非常迅速，到隋唐时，已经成为统治者不可忽视的社会力量，在朝廷大臣中，也有为数不少的大臣信仰佛教。如果不制约其发展，则可能转化为一种不利于李唐统治稳定的政治力量，从这个角度上，李唐也期望能通过扶植道教与佛教抗衡。(4) 政治指导方针的需要。唐朝是在长期大分裂紧随一个统一的短命王朝之后建立起来的，与汉初的社会实际具有一定的历史相似性。在长期战乱需要与民休息的背景下，唐王朝也倾向于借助汉初的政治经验，确立清静无为的政治方针，确保其统治的长治久安。基于以上的考虑，初唐年间，无论是唐高祖还是唐太宗，莫不优礼道士、尊崇老子，这构成了初唐宗教政策的主要特点。在处理佛道关系的问题上，唐高祖、唐太宗也一反隋代君主佞佛、护佛的倾向，大力扶植道教势力，并提出道先佛后的宗教发展方针，明显地表现出对道教的偏袒。

唐高祖首开李唐崇道尊老之先河。他一登上帝位，即下令扩建传说中老子西行的落脚点楼观台，并亲自拜谒，厚赏观中道士。高祖也特别看重对《老子》的思想阐发，常令道学名家在朝中为大臣讲论《老子》经义，与成玄英同时而年长的道士刘进喜即以善讲《老子》闻名。同时，唐高祖还注重《老子》和道教思想的对外传播。如武德七年（624），他派人把道教的天尊像赠予高丽王，并命道士为高丽王讲《老子》，"其王及道俗等观听者数千人"，推动了道教义理在唐朝周边国家的传播。在对待佛道二教的态度上，唐高祖更倾向于发展道教，抑制佛教。高祖在位期间，就多次下诏为三教排先后，把道教排在第一位，儒家排在第二，而佛教屈居第三。

唐太宗本人虽然认为"神仙事本虚妄，空有其名"，对道教无所信仰，但有鉴于唐高祖推尊老子为远祖的政治功效，唐太宗仍大力扶植道教，屡屡强调"老子为朕之先宗""朕之本系，出于柱史"。在其即位之初，就下令在亳州为老子修庙，给二千户以供享祀，表现出对道教的倚重。在佛道关系问题上，唐太宗也继承高祖的政策，在贞观二年（628）、贞观十一年、贞观十五年连续下诏，以道教在佛教之先，以显示其皇家宗教的高贵性。但与唐高祖相比，唐太宗能更加理性地认识道教，他对道教的重视，主要是对《老子》清静无为的为政思想深所信服。唐太宗讲："惟欲清净，使天下无事。"从其即位开始，就以《老子》思想为指导，奉行无为之治的政治原则。"贞观之治"收到成效后，太宗更认为，"鼎祚克昌，既凭上德之庆；天下大定，亦赖无为之功"，认为贞观年间社会的稳定原因在于施行了无为的政治方针。于是唐太宗以政治力量来大力推动和提升老子和《道德经》的地位，决定禁毁道教所遵奉的《三皇经》，而以《道德经》取而代之。这一举动使在南北朝时期重要性远不如《灵宝》《上清》诸经的《老子》，一跃成为道经之首。唐太宗还从民间招募道士以阐释《老子》的政治思想，并给道士更多优待，如在贞观二十一年又下诏"其道士通《道德经》者，给地三十亩"，期望道士能更好地为其政治提供理论服务。成玄英能够应召入京，受封西华法师，正是唐太宗这种文化政策使然。为了推动《道德经》的思想研究，唐太宗还提出，对道教思想的阐发必须以《老子》为判断的标准。在这种情况下，以《老子》为经典文献的思想诠释成为当时道家道教的主导思潮，以注疏《老子》为主的学术方式因而盛行于当时，解老注老，一时蔚为风气，成为此时道教中的显学。在这样的政治背景和文化政策的导引下，应太宗之命入京的成玄英也自然选择《道德经》来阐发其思想，其思想的落脚点，也由道教关怀生命的主题自然延伸到政治话题，对"理国理身"之道的探求和演绎，自然成为成玄英思想的关注重点。而其理论建构的特点，也因为李唐王朝不仅重视对老子的宗教神化，而且重视对《道德经》的思想阐发，表现出宗教信仰和哲学思辨相结合的特点。

释道论争与道教思想转型

成玄英对《老子》思想的诠释，虽然仍不可避免地有着浓厚的道教神仙信仰特征，表现出一定的宗教性，但与前代老学诠释的作品相比，则具有更明显的哲学思辨性。两者相比，哲学的思辨性构成其整个思想体系中的主体内容。特别是对《道德经》中的理想人格，成玄英大多摆脱神学色彩，而努力从生命和政治的理想人格方面去描述，这一方面固然与唐太宗注重老学思想阐发的理性认识相关，但也在一定程度上表明了成玄英这一时期把宗教信仰和哲学思辨混为一谈。结合当时的学术背景，这种思想倾向的转移，也是当时儒、释、道三教之间相互争论的结果。而其对圣人品性的阐发，更侧重于从心性而言之，而且其中有大量的佛学术语和浓厚的佛教色彩，这一点更与佛教对道教的刺激相关。

儒、释、道三教之间相互争论由来已久。到了初唐，由于统治者推行崇道抑佛的宗教文化政策，佛教的发展空间受到很大限制，于是很多佛教徒挺身护教，期望通过与道教徒的辩论来挽回劣势，引起统治者宗教政策的改变。于是，沉寂一时的佛道论争在唐初显得更加激烈尖锐，佛教徒利用自身擅长理论思辨的优势，在论争中经常攻击道教，而不长于此道的道教徒在开始的时候往往捉襟见肘，无言以对。如道教以神仙存在、长生不死为其一切理论的根本，佛教则攻击道教所谓的神仙为子虚乌有，所谓的长生不过是虚妄之谈。武德八年（625），佛教高僧法琳与道士李仲卿的辩论即是一例。当时法琳对神仙信仰提出批驳，认为道教所尊奉的天尊在古代典籍中没有记载，只不过是子虚乌有，道教的说法不过是骗人的假话。面对佛教的诘难，道士只能支吾应对，而无法论证自身信仰的真实性与合理性。在缺乏文献依据的情况下，道教徒不惜铤而走险，私造经书，但这一点又遭到佛教徒的攻击和批驳。面对佛教徒对道经作伪的诘难，李唐统治者也很恼火，不得不把一些私造道经的道士处死，把一些私撰的道经焚毁，这一点也迫使道教徒不敢再伪造文献，而把重心转移到对道家经典的注疏上来。

对于武德八年的争论以及道教徒私造道经的教训，成玄英应该是知晓的，他也许内心仍然不愿否定元始天尊的至高地位，但面对政治和佛教的压力，不得不改变对元始天尊至上神地位的信仰，而把老子抬上最高的神圣地位；同时也不敢私造道经，而李唐王朝推崇《老子》的文化政策，则为成玄英提供了一个既符合政治需要，又合乎自身宗教需要的经典文本。成玄英注解《老子》，疏解《老子》，正是这种形势使然，进而在对《道德经》的疏解中，鉴于法琳等人对长生不死的批驳，成玄英也不得不把诠释的重点从宗教性的"神"转向政治性的"圣"，淡化老子长生不死的神仙特点，而突出其教化世人、无为而治的圣人形象，于是在《老子开题》中灵异的神仙老子，到《道德经义疏》中则更突出地表现为一个伟大的政治圣人。

另一方面，道教与佛教的思想交涉，也给成玄英诠释《老子》思想提供了更为广阔的思想空间。这主要是对佛教和道家思想的吸收。首先，佛教当时虽然在政治上处于劣势，但在思想上仍然处于领先地位。佛教自汉末传入中土，经过魏晋南北朝几百年时间的发展，特别是在与玄学的冲突交融下，其思辨水平已得到了极大的提高，而道教在这几百年的时间中主要忙于法术的研究、经典的整理、宗派的融合，其思辨水平整体上没有多大的提高。到了唐初，佛教已经在思想上取得了绝对的话语权，从某种程度上讲，佛教的话语就是当时思想界的"霸权话语"，不懂得佛教的名词概念和思维方式，就不可能与佛教进行平等的对话。在这种情况下，道教要与佛教在思想理论上见高低、分高下，就必须理解和接受佛教话语。这一点，成玄英和当时的一些道教学者是看得很清楚的，于是他主张吸收佛教的思想成分来论争道教的观点，在他们的著作中，也普遍地吸收了佛教的名词概念和思维方式，在成玄英的《道德经义疏》中，就出现了"理教""权实""理智""三毒""空幻"等佛教名词，而其思维方式，也深受佛教"中观"思维的深刻影响。但总而言之，成玄英的思想并不是佛教的，一个明显的例子是，他在《老子义疏》和后来的《庄子疏》中虽然大量借鉴佛教词汇，但对于"涅槃""菩提""菩萨"等佛教专有名词，却一概不用。其次，在与佛教的多次论争中，成玄英也认识到要与佛教论战，必须广泛地吸收中国传统的各种文化资源,特别是道家一系的思想资源。佛教自从来到中土后,为了站住脚跟,就特别注意与中国固有文化资源的结合。特别是在南北朝时期,佛教大力吸收老庄和玄学思想,出现了以道家思想诠释佛家思想的"格义"思潮。就是到了初唐,佛教虽然已经有了自己的话语体系,但为了争取更多的信徒和与道教论辩,其对于老庄和玄学思想还是特别重视的。如在隋末唐初的多次论争中,就可见佛教学者大量引用《庄子》以阐发佛教思想的情况。但对于道教,佛教则有意区分两者的不同,并把道教视为粗鄙芜杂的方术。如贞观二十一年(647),成玄英与玄奘就译《老子》为梵文一事论战时,玄奘就说道教"同巫觋之淫哇,等禽兽之浅术",其对道教之鄙夷可见一斑。同时,佛教徒也反对道教徒借助佛教的名词概念解释其思想。道教为了提升自身思辨水平,却不得不借助道家和玄学的思想。成玄英为了阐发其老学思想,在其《道德经义疏》中除了大量引用道教经典之外,还引用了《周易》《尚书》《论语》《孟子》《左传》《国语》《史记》和王弼的《老子注》。对于《庄子》,成玄英就更为大力吸收,就作者所查,其《老子义疏》中明引《庄子》者,不下四十多处,以至于"援庄解老"成为其老学中的一个突出的特点。

总之,在当时的政治形势下,成玄英一方面不得不维护道教信仰,认为道教高于佛教,更不得不维护老子的最高地位,但其思想的重点,则在于通过对《道德经》的注疏,阐发其"理国理身"的思想。在思想诠释中,成玄英虽然也援引道教经典,但又大量吸收了佛教和《庄子》的思想,这就使得成玄英的老学表现出宗教信仰和哲学思辨相互结合的特征,同时具有"援佛入老""引庄证老"的鲜明特色。同时要看到,成玄英显然在其《老子义疏》中援引了不少儒家经典,这说明成玄英受到三教融合的学术氛围的影响,其文化视野已经迈出道教灵宝派的狭隘视野而逐渐走向开阔。但通过文本的解读可以看出,成玄英对儒家经典的引用主要在于史实和典故的说明,缺乏明显的思想性,这固然与当时儒学思想的衰落有关,但也反映出成玄英以儒家为外于人心之世俗礼仪教条的思想倾向。从根本上来说,成玄英这一时期的思想是以道家道教为本归之老学,而不是佛学、庄学,更不是儒学。

二、对老子本人的宗教解释

按照历史的观点,老子仅仅是一位哲学家,而不是神仙。在先秦文献中虽然也有不少关于老子生平事迹的记载,却多语焉不详,到司马迁作《老庄申韩列传》时,其生平已经更是知之甚少,只好以老子西行出关而后不知其所终作结。加上孔子赞美老子说他如同不见首尾的龙,这一位谜样的传说人物愈加令人难以捉摸,因此许许多多的神话传说便附会在这位神秘人物身上。特别是东汉以后,道教徒对于这位传说中太上老君的转世圣者更是百般崇拜信仰,推波助澜地助长了形形色色的老君神话。但是,由于这些宗教神话渊源于不同的道教教派,其间说法、观点往往有所出入,常常让人难以信服。到了唐初,这种情况不仅与佛道斗争的宗教需要不相适应,也和当时的政治需要不相适应。因此,如何在道教信仰的基础上整合原有的老子神话,确立老子在宗教和政治上的地位,就成为成玄英等道教学者的时代重任。从这种时代需要出发,成玄英为统一教内观点,端正世人视听,对有关老子生平事迹的一系列历史记载与各类神话传说作了一番辨析,建立了一个立足道教的老子正统观念。

老子的含义

首先是关于"老子"为什么叫"老子"的问题。对于"老子"一名的来历，《史记》中并没有说明，后人则根据《史记》中老子对孔子所说的话，认为老子善于养生而且活了一百六十多岁或二百多岁的高寿，所以叫作"老子"。这种说法虽然是推测臆断之辞，但也贴近常识，容易为世人所接受。但从道教的观点来看，老子并不是凡人，老子虽然活了高寿，但最终还是有限的生命，并不是神仙，也不可能成为道教教主。在道教看来，老子是长生不老的，并没有死亡的问题。李唐王朝为了提高自身的地位，也认同和接受道教的这种观点。具有道教信仰和政治使命的成玄英也不能不认同，他站在道教神话和政治需要的角度上说，老子是无始无终、无生无死的，是宇宙中永恒的生命存在。他接受道教经典《玄妙内篇》关于老子"不生不灭，无始无终"所以名为"老子"的说法，也接受葛玄《老子序诀》中认为"老子之号，因玄而出。在天地之先，无衰老之期，故曰老子"的说法，并运用道教"三一"的观点作了调和。在他看来，虽然对老子名号的内涵有三种不同的说法，但就三者所要阐明的目的而言，都是为了证明老子是永恒存在的至上神，这是同一的，一致的。说法的不同和道理的一致，就是三和一的辩证统一关系。在现实的教化中，由于人们的认知能力有深浅高下的不同，所以要采取不同的方式来阐述同样的道理，如果认识到这一点，就不会执着于三者的说法为何不同，而对老子作为道教尊上神的长生不老的特性有真正的认识。

老子的名氏

其次是老子的"名氏"问题。道教认为，老子"姓李，名耳,字伯阳,外字老聃"。成玄英说,按照《文始内传》的记载,老子出关时,关令尹喜曾问老子的名字,老子说:"我本来没有名字,所以不可一概而论。如今我姓李,名耳,字伯阳,外字老聃。"道教认为老子是永恒的存在,但为了普度世人,在宇宙演化的不同时期降生人间。所谓的"姓李,名耳,字伯阳,外字老聃"的说法,只是在宇宙演化的这一个时期的名号。成玄英对老子的"名氏"的解释,正是从姓、名、字、号四个方面展开的。

一是对老子姓"李"的解释。老子姓李不仅是个宗教问题,实际上更关系着老子和李唐王朝的宗亲渊源,因而也是个政治问题。但成玄英则要从道教的神话中为之寻求证据。他首先引用道教经典解释之。成玄英继续采用道教的观点说,老子的母亲白天睡觉的时候,梦见大如弹丸的五色宝珠从天而降并落入怀中,所以有了身孕,而后怀胎八十一年,在李子树下面感受到清风去除尘埃,从左腋下生出老子,当时有神仙指树为姓,所以老子姓李。又按照《神仙传》和陆修静的说法,老子刚一出生即异于常人,他落地出生,立即就会走路,他自行九步之后就能说话,指李树作为自己的姓,所以姓李。

二是对老子名"耳"的解释。成玄英说:"名耳者,老子耳无轮郭,显示异相,因以为名也。""异相"是不同于常人的长相。道教认为,老子出世便显露异于凡人的身体特征,昭告世人这是一位非凡的救世主。成玄英说,葛洪在他的著作中引用了灵宝经典《朱韬玉札》的说法,"老子黄色美眉,广颡长耳,大目疏齿,方口厚唇。额有参午达理,日角月玄,鼻有双骨,耳有三门,足蹈二五,手把十文",便是他认为老子具有不同凡人"异相"的最好例证。这种观点大抵是六朝时道教受到佛经中对佛陀描述的影响而对老子作的神话解释,到了唐初便习以为常地广为道教界所接受。

三是对老子字"伯阳"的解释。 成玄英说:"字伯阳者,伯,长也;阳,生也。言圣人应世,利益弘多,方欲长养黎元,生成庶品。"通过成玄英对老子字"伯阳"的解释,可以看出成玄英把老子塑造成应世显现救度世人的圣人形象的宗教意图,也可以看出《度人经》思想对他的影响。

第四是对老子号"老聃"的解释。 成玄英说:"外自(按当作字)聃者,言舌聃聃然,既长且广,所以字聃也。"这也是成玄英借用释迦牟尼佛广长舌的典故,而将之附会于老子,从而强调老子天生异相,具有能为众生广为说法的神奇能力。

老子的"法体"

"法体"是道教借助佛教思想说明道教神灵本质的概念。在道教看来,其所信仰的尊神本质上都和宇宙的本体是同一的,宇宙不生不灭,尊神也不生不灭,长久存在。在唐代重道的背景下,老子的地位得到很大的提升,他并不如同司马迁所说的仅仅是一个人,而是一个神,即为太上老君,是道教重要的神祇之一。但是,关于老子的法体的具体诠释,在道教中却有不同的说法。成玄英首先援引了具有代表性的两种解释,然后提出自己的观点。

首先,成玄英援引了灵宝经典《九天生神经》的观点。《九天生神经》认为,"圣人以玄元始三气为体,言同三天之妙气也"。"三天"即指"清微天""禹余天""大赤天",统称三清天,又称玉清境、上清境和太清境,是仅低于大罗天的存在空间。在三天之中,分别由道教的三位尊神天宝尊(元始天尊)、灵宝尊(灵宝天尊)、神宝尊(道德天尊)治之,道德天尊就是太上老君,就是老子。三天和居住于其中的尊神,分别是由始气、元气、玄气三种气构成，而妙气则是三者的统一，所以，老子的法体就是妙气。

其次，成玄英援引了南朝道士臧玄静的观点及其相关解释。臧玄静对道教圣人的解释，主要是基于道教"真身"和"应身"的划分，并结合《道德经》的观点，用"三一"来作解释。臧玄静以"三"为圣人应身，臧玄静认为，所谓的"三"，就是精、气、神三者，"精者，灵智慧照之心；神者，无方不测之用；气者，色象形相之法"，分别而言之，这三者就是老子的"应身"，是老君在不同方面的具体体现，但这三者也是不可分割的，"总此三法为一圣体"，这三者的结合，就是老君的真身法体。臧玄静还结合《道德经》十四章经文对"三一"作了解释，他说："经云：视之不见名曰夷，精也；听之不闻名曰希，神也；抟之不得名曰微，气也。经云：此三者不可致诘，故混而为一也。"这样，把尊神崇拜和经典思想结合起来，说明老君圣体的本质为精气神的统一。

但是，由于后人对"三一"的解释不同，所以对老君的法体也有了不同的理解。成玄英认为，在"三一"的基础上对老君法体的解释，约有三种。第一种观点认为，"散一以为三，是圣人应，混三以归一，是圣人真"，这实际上就是臧玄静的解释。第二种观点则认为"三一"本身都是数目，而圣人是不可以名数认识的，所以，无论是"三"是"一"，都是"应"，而非"三"非"一"乃是"真"。第三种观点则认为，圣人的"真"和"应"是相即不离的，所以从合乎名数上的"三一"到超越名数的"三一"是"真"，而从超越名数的"三一"到合乎名数上的"三一"是"应"。这种"真"是"应"的"真"，而这种"应"也是"真"的"应"。"应真之真"不可定言"真"，"真应之应"不可定言"应"。所以非"真"非

"应",而"应"而"真"。圣人本身就是真应的统一,但因为他或者生在天上,或者下降民间,根据情况的不同而有不同的变化,所以所谓的真身法体,不可言说。这三种说法各具深意,层层转进,所体现的思辨水平愈来愈高,与佛教中观思想的"有空对立"到"即有即空"再到"非有非空"的思维模式有异曲同工之妙,表明道教当时的思想水平已提升至前所未有的高度。

通过以上的分析,成玄英得出了自己的看法,他说:"虽复真应不同,而俱以自然为体。故庄云常因自然而不益生,《序诀》云老子体自然而然,生乎太无之先也。"在他看来,老君虽然真身、应身有所不同,但其根本都是以自然作为最后的本质,这种观点,是成玄英在以前道教思想认识的基础上的发展。道是道教的最高信仰,太上老君是道教的尊神之一,两者的本质是同一的,共同是"道法自然"的体现,这与成玄英对《道德经》思想的诠释也是一致的。

老子的"时节"

所谓的"时节",主要针对老君历代下世为帝王之师所作的说明。道教认为,太上老君是无世不在的,但他为了教化世人,在不同的时代都下降人间,或为王者师,或为天下师。在成玄英之前的很多道书中,就记载了老子在不同时代应运而生的神迹。对此成玄英是认同的,并结合道教说法和相关史料,作了进一步的宗教辩护。他认为,老子是长久存在的至上神,为了感化众生,他在天地开辟以前就下世为国师,代代不休,但世人莫能知之。在伏羲时为郁华,神农时为缘因,祝融时为傅豫,黄帝时为广成子等等,他的名字从上古就开始流传,窈窈冥冥,眇邈久远。所以说老子并不仅仅是在周代出世,而是代代出世。但由于以前的历史久远，所以他存而不论，而从周代开始来论说老子降迹人间的具体年代。

成玄英结合道教书籍和有关史籍，对老子的有关事迹作了一番宗教上的"考证"。他认为，老子出生于商朝末年，为周文王的老师，其具体时间在殷商末年的丁卯年。然后，他说，一般人认为老子在周末出关的事在周幽王年间是不正确的，准确的时间应该是周平王癸丑年间，其所出的关，为函谷关，在陕西桃林县南十里，有故关门是也。在这一年的十二月廿五日，老子乘青牛薄板车到函谷关。廿八日，传授关令尹喜《道德经》上下卷。临走的时候，又传授了《西升经》，随后还显示了神通，他腾空数丈，或有或无，存亡恍惚，或者显现为老人，或者显现为少年，随后西行而去。此后，老子在西方周游了八十一国，作浮屠经，教化胡人等等。化胡后，老子又三次回到中土，第一次是周灵王廿一年，教化孔子；第二次是周赧王时，传授给干室（即干吉）《太平经》、百八十戒和治国治身修养要诀；汉末时在蜀地传授张陵五斗米教的教法。最后驳斥世俗认为老君有死之谬说，如关于雍州尹喜故宅南边有山名"老子陵"，世俗传说为"老君墓"，成玄英力辟其妄，说老君"当是于此山上西升轻举，后人追记圣德，因号曰老子陵"，老君既为应世圣人，无始无终，故无所谓生死之迹，自然无陵墓可言。而言"西升轻举"除了说明老君白日升天之得道圣迹外，也正好可与太上老君之《西升经》相应合。再如《庄子》中说"老聃死，秦侯吊之"的故事，成玄英认为这是庄子为了说明生死之道均齐的观点所创造的寓言，是假设之辞，并非事实如此。

老子的"方所"

"方所"主要讨论老子之故乡所在地。按照不同的史料，关于老子的出生地点，道教认为是陈国苦县濑乡曲仁里涡水之阴。但也有其他的说法认为是楚国、楚县，或者是陈郡、豫州。成玄英对以上各种不同的说法作了分析，认为"虽复时代迁贸，名号不同，其于处所，祇自是一"，各种说法只是根据不同时代的说法对同一地方的不同指称，但具体所指的地点并没有不同，老子的出生地就是陈国苦县濑乡曲仁里涡水之阴，这与唐代所设立的祭祀老子的地点是一致的，表明了对官方的认同和支持。

成玄英对老子的"考证"中虽然吸收了大量的文献资料，这些资料虽然不乏对老子的真实的记载，但大多数则是道教徒所编造的宗教神话，所以其中的一些说法显然是无稽之谈。但透过其烦琐的文献引证，则可以看出成玄英的目的无非是要说明老子的生平事迹虽然扑朔迷离，但在历史上并非子虚乌有，而是确实存在；同时老子又不是一般的历史人物，而是能长生不死、与时显现、救度众生的至上尊神。成玄英所期望的，就是人们对老子的神仙地位有所认同，这种认同，不仅是道教所需要的，而且是当时的政治所需要的，不仅能为道教社会地位的提升奠定基础，而且能为李唐王朝的高贵政治身份作出说明，同时，也为人们尊重《道德经》奠定一定的信仰基础。在对老子生平事迹的宗教解释的基础上，成玄英展开对《道德经》的思想诠释。

三、对《道德经》的文献性解释

除了解决老君神话问题外，成玄英还从文献学的角度系统性地分析了《道德经》文本的思想主题、篇章结构，总结了南北朝以来道教对《道德经》的诠释趋向，将教义提升至相当的高度，这是他对道教界及中国文化之贡献。在此，成玄英开列出道德、释经、宗体、文数、章卷五个主题展开探讨。

释"道德"

首先，成玄英解释"道德"二字，在《道德经开题》中，他说："道是圆通之妙境，德是至忘之圣智，非境无以导智，非智无以照境，境智相会，故称道德。然境智智境不一不异，而异而一。故《西升经》云：'道德混沌，玄妙同也。'"在《道德经义疏》中，成玄英说："道是虚无之埋境，德是志忘之妙智；境能发智，智能克境，境智相会，故称道德。"他认为"道""德"的关系实际上就是"境""智"的关系，这是对佛教概念的借用。所谓"境"，是圆满通融的玄妙境界；而所谓"智"，是能够忘却人间纷扰的圣人智慧；"境""智"之间是相互支撑的关系，达不到圆满通融的境界，无从开导培养出最高的智慧；而没有忘怀俗尘的圣人智慧，也不可能认识到玄远高妙的境界。这两者同时达到，泯合为一，所以称为"道德"。从境界到智慧与从智慧到境界，两者之间有所差别，但又有所相同。总之，《道德经》所要阐发的思想，就是境界和智慧合一的思想。

同时，成玄英还从五个方面总结了以前对"道德"内涵的解释。他的总结表现出对解释方法的理性思考，也表现了他尊重前人思想成果的态度和兼容并蓄的学术胸襟。成玄英认为，以前的解释主要有以下五种。

第一种是依训释，即按照以往注家之注解来解释，可解为"道，无也；德，有也"，也可释为"道，道也；德，德也"，但是成玄英认为"道之为名，穷理尽性，不复加，故非训释之所能尽，直置道以道为义，义自多合，不繁曲碎，更为他解。故宣尼解《易》需、晋二卦云：需，需也；晋，晋也"。"道"一名之意义，广大无边，难以名言作解释，倒不如像孔夫子之注《易经》的方式。因此成玄英比较赞成"道，道也；德，德也"这种解释，因为它不会将"道""德"丰富的内涵限制在某一方面，从而获得广大的解释空间。

第二种是依义释，即就"道德"之意义来作解释，所以说"道以虚通为义，德以克获受名。为道能通物，物能得道故也"。一般如此解释"道德"二字，成玄英认为"道"能畅通万物，使各得其所；而万物则能得道，以遂其生。所以可以"虚通""克获"二义分别解释"道""德"二字，而"德"是就"物"之面向来作解释。不过成玄英最后总结说"笃论道物，亦不一不异"。从名相来讲，道物似乎不一而有异，从本质而论，道物是一而二、二而一的。

第三种是待对释，即用互相对显的方式来解释"道""德"二字的含义，故言"道以德为义，德以道为义，非道以通德，非德以显道故也"。"道""德"缺其一则无法显出彼此之意义。

第四种是所表释，即从反面来凸显"道德"之意，亦即《道德经》中说"正言若反""反者道之动""玄德深矣远矣，与物反矣"之谛义。所以"道"以"不道"，"德"以"不德"作解，成玄英认为这是因为"所以说道以彰于不道，所以说德以表于不德"。

第五种是无方释，即从"道"无方所无不在之特性作解释。成玄英认为，不同的教化方法都是出于自然，都是"道"的表现，所以说"道"是无所不在的，其所在之处都是圆通无碍，"道"随着万物的不同而有不同的具体体现，没有呆滞于一种名相，所以对"道"的解释，也不可拘泥于文字，而应该随着具体的情况而作出不同的解释。

成玄英对以上五种说法的综合评论，并非是简单的思想罗列，从中透露出他对各种解释方法的吸收和认同，为他在《道德经义疏》中展开思想阐释奠定了方法论的基础，从中也可以看出成玄英纵贯涵融的研究特点。

释"经"

成玄英认为"经者，法教之总名，至人之洪范。经之为义大矣哉！盖群品之舟航者也"。总体来说，"经"是承载着道教的教义道法的文献资料，是济度众生而得以解脱之法船。但从形态上来说，经虽然有多种，但大略可以分为三类：第一类是由天地自然妙气凝结而成的，在天空中自然显现出来的经文；第二类是用黄金、美玉等珍贵的材料制作而成，藏在道教供奉经典的地方，或者灵秀山水之间，或者在天上的经典；第三是用一般的材料制作而成，字体也不一致，在社会上流传，供人们传授学习的经典。成玄英认为，虽然三种不同种类的经典有粗妙的不同，但就内容而言，都是道教圣人所说的最高真理，都能治疗世人的病痛，所以都是良药，值得人们尊重。

根据对经典的这一番解说，成玄英又举出对"经"字的四种训释，即"由""径""法""常"。所谓的"由"，认为所有的神仙圣人都是由"经"而成道，故解作"由"。所谓的"径"，是认为"经"能开通万物，为修行之要径，故解作"径"。所谓的"法"，是认为"经"足为苍生众圣的法则，故解作"法"。所谓的"常"，是认为"经"乃传达亘古不变恒常之至理，故训释为"常"。成玄英对这四种不同的认识都是认同的，在他心目中，《道德经》就是"三教之冠冕，众经之领袖"，是成仙成圣的根据，是引导众生的道路，苍生、众生的法则,是千古不变的真理,所谓"大无不包,细无不入,穷理尽性,不可思议,所以题称道德"。

释"宗体"

"宗体"实际上分为"宗"和"体"两部分。所谓的宗,实际上就是诠释中的思想源头,即基本的立足点;而体则是对诠释对象的思想内容的精要概括。在这一部分,成玄英认为,解释经典,首先要明确经典本身的宗旨。他精要地评析了此前老学大家对《道德经》宗旨的理解,并明确说明了自己的诠释宗旨。他说,汉代的严遵注解《道德经》,以玄虚作为宗旨;南北朝的顾欢以无为作为宗旨;孟智周、臧玄静以道德作为宗旨,梁武帝以非有非无作为宗旨;而晋代的孙登则说依托于重玄来表达宗旨。他认为,各家的解释虽然有所不同,但以孙登的解释为最好,所以他以孙登的解释为标准,以"重玄"作为诠释《道德经》的基本方法,而以无为作为《道德经》的核心思想。接着他进一步诠释"重玄"与"无为"的意义。

对于"重玄",成玄英说:"玄者,深远之名,亦是不滞之义。言至深至远不滞不著,既不滞有又不滞无。岂唯不滞于滞,亦乃不滞于不滞,百非四句,都无所滞,乃曰重玄。故经云:玄之又玄,众妙之门。《隐诀颂》云:玄玄至道宗,上德体洪元也。"成玄英认为,所谓的"重玄",主要有两层意思,一是深远的意思,二是不执着的意思。所谓的不执着,指既不执着于有,也不执着于无,进而,不但不执着于常人所执着的对象,也不执着于不执着。总之,对内在的、外界的一切都不执着,才是真正的"重玄"。进而,成玄英引《道德经》文为证,表明其"重玄"说出于《老子》第一章"玄之又玄"一句,可谓渊源有自,又引用葛玄《老子序诀》中"太极隐诀"

一段的颂语来说明之,这是诉诸权威经典的一种论证方式。

成玄英用"深远""不滞"来解释"玄"字,实际上是依据前人的说法。如南朝齐严东注解《灵宝度人经》说:"玄玄者,深远也。明此无量经功德深远,故云玄玄。"此外《道德经》六十五章亦有"玄德深矣,远矣,与物反矣"的说法,不过成玄英重点强调重玄的"不滞"意义,他认为此种意义甚为奥妙,为常人不可思议,所以,"深远"的意义自然包含在"不滞"之中,这正是南北朝以来道教重玄学者所津津乐道的。

阐明"重玄"的宗旨之后,成玄英又说明"无为"的意义:"无为者,镜象苍生,刍狗万物,虽复挥斥八极而神气无变,故为则无为,无为则为,岂曰拱默而称无为哉!故经云:损之又损,以至于无为。又云:道常无为而无不为。《序诀》云:无为之文,汙之不辱,饰之不荣。"成玄英对于"无为"的诠释,重点强调了"为则无为,无为则为"的意义,即"为"与"无为"两者不一不异,"无为"并非无所作为、无所事事的消极态度,而是以无心的态度积极作为,亦即外在虽有所作为,而内在无心而为;内心虽无为,外在却又积极作为。内在的心灵与外在的行为两者是辩证的统一,只有如此,才不会落于消极虚无的境地,也不会因为内心有所执着而一无所成。这种说法,显然是道家思想的再度发展。

释"文数"

在中国历史上,《道德经》的传本众多。在成玄英之前,最流行的是王弼本和河上公本。道教在其发展过程中,为了迎合各自的诠释需要,又动辄修改文字,从而形成了多种文本,这也为注解《道德经》造成了困难,为了解决这一问题,成玄英对纷繁复杂的文本流传现象作了自己的解释。

从对文本的注解来看，成玄英对《道德经》的疏解，所依据的主要版本是道教所谓之"葛本"（葛玄本），成玄英认为，这个传本的源头是当初老君出关之时传授给尹喜的本子，分为《道经》《德经》上下两篇，共有五千字，但在流传过程中，后人随意更改，造成这个本子发生变化，形成了不同的本子。他举例说，河上公本有五千五百四十多个字，所多出的字，多是"兮、乎、者、也"之类的虚词，这是依据世人根性的不同而作的修饰，但后人却随意添加删改，造成鱼目乱珠，玉石无辨。但是，当时的葛玄本也并非五千文，而是四千九百九十九字，较五千文少一字。对于这种现象，道教内部作了富有哲理的宗教神秘主义解释，认为这并不是随意的，而是"阙此一字，用象太一之无"，或言"少此一字，以明绝言之理"。这种解释，实际上只是发挥高度想象的"过度诠释"，所以成玄英批评这不过是异端邪说。他平实地解释说："只是经中卅辐也。且古者三十分为二文，今时世总为一字，有此离合，故少一文也。"

总之成玄英认为，对经典的理解应该把握其真正的旨意，而不是拘泥于文字枉自曲说，这种观点，对我们理解经典具有一定的借鉴意义。

释"章卷"

《道德经》分为上下经八十一章，其中上经三十七章，下经四十四章，成玄英认为，这种结构的划分并不是随意的，而是取法于天地阴阳。他说，"至道虚通，括囊无外"，道以虚通为本，无所不在，包罗万象，但为了教化世人，利益众生，所以不得不用文字来表达之。而《道德经》之所以分为上下两经，正是取法于天地生化养育万物的本性，故上经明道取法于天，下经明德取法于地，而天数奇，地数偶，所以上经三十七章，下经四十四章，共八十一章，象征太阳的极限数字。从中可以看出，成玄英对汉代易学思想的吸收和发挥。

除此之外，成玄英还在《道德经义疏》中细致演说了八十一章之间的思想主题和内在关系，但具体说法又和《开题》有所不同。他说："上经明道，下经辨德。上经亦具明道德，但以道为正，以德为傍；下经亦具明道德，然以道为傍，以德为正。据傍正为论，故有《道德经》上、下。"这主要是从道德之间的相互依赖关系来说明上下经的思想关系。分别而言之，成玄英认为，上下经各自分为三部分内容，具体来说，上经的第一章为第一段落，其宗旨在于"标道宗致"，第二到第三十六章为第二段落，其宗旨在于"广明道法"，第三十七章为上经第三段落，其目的在于"总结指归"。下经也与上经类似，如第三十八章为下经第一段落，在于"正开德宗"，第三十九到第八十章为第二段落，在于"广明德义"，第八十一章为下经总结，在于"总结指归"。总之，上下经都表现为总—分—总的思想结构，其宗旨虽有所不同而各有所重，但彼此相关，不可分割。

成玄英认为，《道德经》章章相扣，节节相关，是一个内容博大、结构严谨、思想精深的统一整体。在《道德经义疏》中，成玄英还仔细剖析了每章之间的思想关系，和每章内部的层次关系，举《道德经》第四到第六章的思想关系和结构来说，成玄英说：

> 《道冲章》所以次前章者，前章既令忘智会道，妙体一中，故次此章即明至道以中为用。就此一章，义开四别。第一，明虽复以中为用，应须遣中。第

二,显圣智虚凝,为物宗匠。第三,示韬光晦迹,俯应下凡。第四,结叹圣人,超于万象之首。

《天地章》所以次前者,前章明虚玄至道,超万象之先,故次此章,显忘功(用)圣人与二仪合德。即此章中,义开三别。第一,举圣人天地,施化忘功。第二,寄橐籥两器,显明妙用。第三,斥多闻博学,不如体真。

《谷神章》所以次前者,前章正明多闻博识,不如守中,故次此章明只为守中,故得谷神不死。就此章中,义分两别。第一,显虚玄至道,能生立二仪。第二,明不断不常,而用无劳倦。

成玄英对章节关系的解释,首先通过点名上章和本章的主要内容,说明上下两章之间的思想关系,然后分层细说明本章各节的主要意义。这是成玄英《道德经义疏》的诠释通例,表明了成玄英对《道德经》的整体把握。

总之,在成玄英眼中,《道德经》是老子为了救度世人而传授于世人的经典,其中蕴涵着最高的真理,所以这部经典在儒、释、道三教的经典中具有最高的地位,所谓"此经是三教之冠冕,众经之领袖"是也。这部经典内容博大、结构严整、思想精深,阐发了圆满通融的玄妙境界和达到这种境界的最高智慧;而重玄和无为的思想,则是这部经典的精义所在。这不但是成玄英对《道德经》思想的整体理解和认识,也是他依据《道德经》阐发自己思想的基本依据。

四、对《道德经》的思想性诠释

成玄英对老学全方位的诠释不仅要确立老子的圣人地位,

而且还要确立《道德经》在所有经典中的最高地位，这两者是内在的统一，但是，圣人与经典地位的确立并不能仅仅停留在信仰的层面，并不仅仅在于通过对历史和文献的梳理就能完成。结合当时李唐政治的需要，针对佛教义理的挑战，成玄英必须在思想的层面建构能凌驾于佛儒之上的思想体系，而这一思想体系，以其《道德经义疏》为代表。

成玄英对《道德经》的思想诠释，首先表现在其本身坚持了道教信仰和政治需要的统一。其中的思想，必须在承认太上大道君为至上神，太上老君为其弟子，是得道之后返回人间普度众生的大慈大悲的救世主，也即道教的人间教主的基础上展开。所以他在疏文中屡屡提及老君"教主"或"法王化主"的身份，又明言"太上即是今玄天教主太上大道君"。依照道教神界谱系，太上大道君乃太上老君之师，老君奉大道君之命来世间显化度人，因此大道君乃天上教主，太上老君则是人间之教主。这样，老君成了普度众生接引群品的救世主，他是一位先天神，导驾慈航，济度有情，故言"得道圣人超凌三境，但以慈悲救物，反入三罗"。这种先知觉后知、先觉觉后觉的宗教说法，实际上是道教"神仙存在"的理论基点之一，而对老子地位的确立，实际上是为了迎合当时社会政治的需要。

道教本身就是一种以生命为终极关怀的宗教信仰体系，但这种信仰体系一旦和政治结合，就必须与政治的需要相适应，而不能与之相对立。而成玄英在对《道德经》的诠释中所阐发的宗教思想，自然也要和李唐的政治需要相互适应，具体地说，就是要和唐太宗扶植道教的政治动机相适应。而所谓的政治的需要可以从两个方面去说明。其一，《道德经》的思想可以为统治者治国施政提供怎样的指导？在这个角度上，他所期望道教建立的是一种立足于老学的政治哲学。其二，对一般的民众来说，需要有一种人生的哲学，这种人生哲学所确立的行为规范、追求目标，都必须与稳定的政治需要相一致。在这个角度上，唐太宗需要道教徒通过对《道德经》的思想诠释，为民众提供一种满足政治稳定的人生哲学。这两种需要结合在一起，构成了政治对成玄英等道教学者诠释《道德经》的指导思想。

成玄英要建构的是与当时政治需要相适应的宗教哲学，这决定了他的思想诠释首先必须充分借鉴包括道教在内的道家传统的思想资源。之所以这样，在于当时的道教学者普遍把道教和道家混同于一体，为自身的思想构建提供广阔的资源空间。成玄英选择《道德经》作为诠释对象，这不仅仅是当时政治的引导，还在于道教本身自认承接道家的这一传统。除此之外，成玄英大量吸收了《庄子》中的思想和说法作为老子思想的印证，而同时把道教学者所津津乐道的"三一""重玄"思想连同道教吸收的汉代元气说一同接收过来，展开对老子思想的诠释。

在这种思想指导下的老学诠释，除了立足道家道教的文化传统外，还必须大量吸收当时的其他文化因子。而佛教无疑是当时思想界水平最高者，从佛道的关系上看，成玄英必须高擎道教的大旗，但另一方面又不得不吸收佛教所提供的一些具有普适性的思想范畴和思维方法。这使得成玄英的《道德经义疏》中充满了诸如"中道""二观""诸法""万法皆空""六根六尘""能所""境智""空有""因果""无来无去""定慧""解行""六度"等大量具有佛教色彩的概念，好像这是一部佛教思想作品。但实际上，成玄英思想的本质仍是道教的，与佛教观点大异其趣。那么，成玄英通过对《道德经》的诠释，构建了怎样的一个既坚持道教信仰，又迎合政治需要，既立足道教传统，又博采佛教所长的思想体系呢？笔者认为，这就是他以道教生命关怀为基点的包含政治和生命两个主题，而且具有形上、形下两个层面的思想体系。

妄心：生命困境与恶劣政治的根源

在对《度人经》的诠释中，成玄英处于特定的社会现实，把生命作为关注的思想重点，但是，这一时期他所关注和理解的生命，主要还是局限于肉体的生命危机，这种危机表现为人生的生老病死，而对道君的信仰和《度人经》的遵奉，则能够消除人生的病痛，进而超越生死的局限，获得形体长存，肉体飞升，长生不老。在《道德经义疏》中，成玄英对长生不死的信仰和追求并没有发生变化，一方面表现在他认为太上老君作为道教的尊神，本身就是长生不老的；同时也表现在他对生命最高境界的表述，也是以"长生久视"为目标的。

但是，由于这一时期成玄英对老学的注疏并不仅仅是一种个人的关怀和宗教信仰，而且和当时的政治需要紧密联系在一起。他的老学诠释中不可避免地带有一定的政治关怀，这种政治关怀，就是怎样实现理想的社会政治。而且，这种政治上的追求并不仅仅是短暂的稳定，而是"长治久安"，生命和政治的追求目标的类似性，需要建立在一个统一的形而上学的基础上才能完成。这是成玄英中年老学思想与前期《度人经义疏》的不同之一。

其二，成玄英虽然在《度人经义疏》中描述了现实社会中的生命危机，但并没有揭示造成这种生命危机的根源。在《道德经义疏》中，他把对生命困境状态和恶劣政治的描述紧紧地与众生的心态结合起来，认为"妄心"是生命困境和恶劣政治的主要根源。成玄英说"凡鄙之流,迷于真理,非但耽淫声色,抑乃贪著名誉,求名丧身,利己害物"。人的生命的困境,并非根源于人的有限性,也不在于外在社会的迫害,而主要在于自我本性的迷失,众生不能认识真理,把有限的生命沉沦于对功名利禄和美色淫声的追逐之中,不但耗费了自我的生命,而且因此也造成了人与人之间的相互争夺,造成了社会的悲剧。在成玄英眼中,隋末的群雄征战,也正是人的妄心的作怪,是人的本性的普遍迷失造成的,妄心造成了混乱的政治,也带来了生命的危机。反过来成玄英也认为,坏的政治就是有为的政治,这种政治进一步加速人性的失落,使人丧失了本性,相互之间攻伐征战,争夺不休,最后也是消耗自己的生命,让自我和他人的生命得不到安宁。

总之,生命和政治危机的根源在于妄心,要解决这两者相互影响的悲剧,就要彻底断绝"妄心"。那么,"妄心"的具体表现主要有哪些方面呢?成玄英认为,妄心的首要表现在于对外在虚幻对象的追求,也就是所谓的"执"。成玄英认为,欲望构成了生命危机的重要原因之一,把心灵放逐于追求外在的功名利禄、美色美食,为了满足五官的欲望,所以造成了生命的困境。进而,为什么人们会这样呢?那是因为心灵被遮蔽了,心灵是无知的状态,不知道外在的这些都是虚妄的,空幻的。成玄英认为,世界上所有存在的具体对象,包括满足感性欲望的东西,也包括对现象的认识,都是因缘和合而成,本身都是空的,同时万物的存在也是无常的、变动不居的,所以不值得追求,这里成玄英吸收了佛教的缘起性空说,也吸收了中国传统的关于万物存在变化的观点,在于说明外在的对象不值得追求。

成玄英认为,由于无知的心态导致了对欲望的追逐,同时由于欲望，而对外在对象发生爱憎之情、分别之心，所以有了喜好和厌恶的情绪。"一切苍生莫不耽滞诸尘、妄执美恶。违其心者，遂起憎嫌，名之为恶；顺其意者，必生爱染，名之为美。不知诸法，即有即空，美恶既空，何憎何爱。"同时，由于获得了满足，就得意扬扬；而如果没有获得，就忧心忡忡；如果失去了，就垂头丧气；拥有这些虚华的东西，就骄傲自满，盛气凌人；而为了获得这些东西，不惜摇尾乞怜，奴颜媚骨。人们却不知道，无论获得与不获得，自我的生命都在其中消耗殆尽，奄奄一息，走向死亡。因此，要走出生命的困境，就要实现心灵的转化，放弃对虚幻之物的追求，泯灭是非好恶之心。

妙道：理想政治和生命境界的终极依据

成玄英思想的目的就是为了人们摆脱生命的困境寻找出路，为理想的社会政治提供方案。这两者必须是统一的，不能存在任何的矛盾和冲突。我们可以把这两种相对相关的思想追求统一叫作理想境界的追求，它包含两个方面的内容，一个是以生命为核心的理想人生境界，一个是以政治为核心的理想社会境界。面对这样一个理想的目标，成玄英不仅要说明这种境界存在的可能性，而且要说明达到这种境界的途径方法。所以，他必须为之确立一个统一的终极依据，来解释和支撑这一套理论。

成玄英认为，这个终极的依据就是老子所言说、道教所遵奉的"道"。"道"为什么有资格作为实现人生和社会理想的终极依据？这是成玄英面临佛教的冲突所必须回答的问题。成玄英承接老子和先前道家道教学者的思想，并融摄佛教的名词概念，从万物存在的角度对"道"作了阐述。这样，一个关乎人生社会的本体问题，就转化为一个关乎宇宙万物存在的本体问题，也即作为主体境界实现的本体，需要从客观存在的角度来说明。这也是中国哲学传统中的主要致思趋向之一，人既然是万物之一，人的问题的解决也自然要遵循万物存在的规律，也自然要以能主宰整个宇宙万物的本体作为依据。因为人的问题而追溯到天，从天的角度来论证人的问题，这就是中国哲学"天人合一"的基本思路，而成玄英的思想不过是这一总体思维模式下的具体表现之一。

在《道德经义疏》中，成玄英对"道"的概括性表述是"道者，虚通之妙理，众生之正性"。"道"首先并不是一种具体的存在之物，而是"理"，这样的"理"并不仅仅是呈现在人的认识视野下的真理，更是客观之理，它是一种客观的存在，是创生、主宰宇宙万物生长、存在、发展、变化的铁的规律，是一种宇宙生生不息的伟大的能量源泉。成玄英认为，宇宙中的一切存在之物都有生有灭，但构成万物的质料是统一的元气，元气从产生之后就是不灭的，所以万物的生灭，不过是元气的衍化而已。但元气从何而来，为什么又能发生永恒的变化呢？成玄英认为，这正是道的作用。道是理，是宇宙的伟大法则，它是永恒的存在，在道自身的作用下，产生了万物的本原之气，也就是元气，元气再分为阴阳，阳者上升为天，阴者下降为地，这就是二仪。天和地相互交感，首先创生了人，然后天地人相互作用，产生了万物。从这个意义上讲，道就是包括宇宙中天地万物一起存在的生身之母。

成玄英认为，"道"不仅是万物的产生源头、生身之母，而且是万物的存在主宰、养育之母。万物生成之后，道就体现在万物之中，成为和万物须臾不可分离的"正性"，"正性"是所有生命存在的本然之性，不同于万物的其他性质。正是因为如此，道就决定了万物的存在发展，同时也构成了人追求理想境界的本体依据。而众生无论追求生命的"长生久视"，还是社会的"长治久安"，都必须以"道"作为楷模和法则；道不仅是理想彼岸世界存在可能的依据，而且是人们通达于此种境界的方法上的依据。人要解决生命和政治问题，就必须效法于道。

那么，道具有怎样的特征，人具体应该效法道的什么呢？成玄英认为，首先要效法的是道的超越性。道是虚是通，唯其虚，才能包容万物，唯其通，才能生养万物。道是超越的，永恒的，它超越了物所具有的一切有限性，或者说包容了万物存在的一切可能性。万物的存在都具有一定的颜色、形状、性能等等，但道本身则没有特定的颜色、形状、性能，只有这样，它才是超越的，才有资格作为有限的存在者的本体依据。所以说道是"亦有亦无、非有非无"的是存在，所谓的"亦有亦无"，即是说道本身是一种存在，但确是无形无相的超越性的存在；所谓的"非有非无"，即是说道不同于一般的存在者，但并非不存在的虚无。

其次，人还要效法道在创生和主宰万物的过程中表现出来的"德性"。成玄英认为，道创生和主宰万物，并非是有意识的作为，而是无意识、无目的成就万物，道所表现出来的，就是"为而不为，无为而为"，道生化万物并非有意的造作，而是无心的成就；道是以内在的淡泊平静，来成就了万物的生化发展。道的特性，一言而蔽之，就是"自然"。作为宇宙万物本体的道，是虚静的、柔美的、谦和的、贯通的，它对待万物是慈爱的、关照的、平等的、普遍的，而这也是人在政治和处世中应该具有的美好品质。人只有效法于道，才有可能达到"与道为一"，才有可能同道一样圆满、长久。

圣人：生命圆满和普度众生的人格坐标

生命危机和政治危机的根源都在于"妄心"，那么，如何才能去除心灵的"妄"呢？成玄英认为，这当然需要以道为依据才能实现，也就是人的心灵必须由"妄心"转化为"道心"，并落实于现实的生命实践和社会生活中去。但是，道是超越的存在，不可思议，不可言诠，人有限的认识能力只能认识物，而不能认识道；人有限的语言只能表达物，而不能表达道。因此，人要获得对道的觉悟，需要有圣人的引导。在成玄英的思想中，圣人具有突出的地位，一方面是与道为一的永恒存在者，他的生命和道一样，是圆满的、自足的、长久的，他本身就是理想的生命境界的人格体现；另一方面，他又同情世人的悲苦，所以降迹人间，点化世人，他是把世人从苦海中解脱出来的导航者。

首先，圣人是与道为一、生命圆满的人格坐标。成玄英认为，"圣人者，体道契真之人也。亦言圣者正也，能自正己，兼能正他，故名为圣"。圣人本身就是能够与道合一的伟大真人，不但能完善自身，而且能完善他人，所以才叫作圣人。圣人"妙契重玄，迹不乖本，洞忘虚远，知则无知，至本虚凝，故称为圣"。圣人是处于最高的生命境界，他的任何行为都和道保持着一致，对于世俗万物，圣人以最高的智慧来关照，不过是空幻的存在，所以能够不以介怀，而追求虚静高远的最高境界；他的智慧光明，无幽不照，但却能韬光晦迹，不炫于物，好像是一无所知，却自然地与道合一，所以，圣人的生命境界是"长生久视"，举其高行，楷模群有，这是最高的境界。

其次，圣人是慈悲为怀、关照世人的导航者。成玄英认为，圣人"慈悲救物，转无为之妙法，治有欲之苍生"，圣人虽然超越生命轮回的三界，但因为他具有如同道一般对待万物的慈悲情怀，所以返身回到三界，采取各种各样的方法来逗机设教，引渡世人。成玄英把圣人和凡俗的关系比作母子关系，圣人如同伟大的母亲，她把世界上最伟大、最无私的母爱普遍、平等地施与众生，却推功于万物，不求丝毫的回报；她虽处身于混浊的世界，却能混迹同俗，从外表上与众生无有任何分别，但其内心却处染不染，纯净安宁。圣人的这种心境，就是淡泊的"无心"的心境，"圣人无心，以百姓心为心"，圣人顺应百姓众生的心愿，其作为皆非逆民心而为，而是顺乎自然，所以能空心利物，功侔造化，位居宇宙的最高境界。

成玄英对圣人的描述，除了以道作为其存在的本体之外，充满着《度人经义疏》中"仙道贵生，无量度人"的思想特征，可以说是其前期思想的深化发展。那么，圣人通过怎样的具体形式来引渡世人呢？成玄英认为，这主要还是靠传授经典的方式。他认为，《道德经》就是老子向世人言说的真理，是解救世人脱离苦海的一剂良方。"真理既绝于言象，至教亦超于声说"，道是不可言说的，最高的教化也在不言之中。但没有言说就不能阐明教化，所以还要借用语言来说明真理。其次，由于众生各自的理解和接受能力存在差别，所以对至道的教化，也不能用单一的方式，而应该根据其悟性的高下，实行不同层次的教化。成玄英认为，人的根性不同，有"上机之人""中机之人""下机之人"的区分。"上机之士，智慧聪达，一闻至道，即悟万法皆空，所以勤苦修学，遂无疑怠"。中机之人的智慧有所缺陷，所以对真理难以直接把握，"虽复闻道，未能妙悟，若敛情归定，即时得空心，才得世尘，即滞于有境，与夺不定，故云存亡"，中机之人不能一心修道，而是随着环境的变化而变化，总是处于有、无二偏，难得中道之妙。"下机之人，根性愚钝，闻真道玄远，至言宏博，心既不悟，谓为虚诞，遂生诽谤，拊掌笑之"。智慧最低下的人，不能了解真道，反而认为这是虚妄的，并随意诽谤。正因为人存在着智慧高下的不同，所以圣人要根据不同人的特点，结合不同的现实处境，采取不同的言说方式来说道。而世人对真理的把握，也不可拘泥于文字，而应该得鱼忘筌，得意忘言，这是对庄子和魏晋玄学家王弼思想的吸收和发挥。

修道：通达于理想境界的个体自觉

要获得圆满的生命和社会理想境界，除了圣人的引导之外，更重要的是主体的自觉，主体只有不断改造自己的心灵，并在现实的社会生活和政治生活中以道为模则规范自己的行为，才有可能实现生命的圆满和社会的安宁。

成玄英认为，所谓的修道，实际上就是把自我的心灵从对世俗空幻之物的追求中解脱出来而顺应自然之道。修道，在于修心，而修心也就是复性，即彰显出人的自然正性。成玄英认为，要彰显出人的自然正性，首先就要用正确的智慧来观照万物。在他看来，"纵有高盖全璧，富贵荣华，亦不如无为坐忘，进修此道。何者？夫修道可以长生，富贵适为大患"。世人执着于种种欲望，执着于对满足欲望的各种事物的追逐，但这些物本性都是空幻的，不值得人追求；人应该把心灵的追求定位于真实的、永恒的道，才有可能获得生命的圆满。

成玄英强调，"道心坚固，始终若一"，修道之心不可随着外界环境的变化而有所动摇，"行人但能照于妙境，智慧日日增明"，只有把心思放在对道的体悟观照上，个人的智慧才能有所增长，"智慧增明，复能用道谦和柔弱，故其德业日日强盛也"。智慧增长了，才能够效法道而为人谦和，崇尚柔弱，这前者在于"慧",后者则是"定",前者为"解",后者为"行",一个是智慧的解脱,一个是实践的准则,两者结合,才能有收获。

成玄英认为,修道并不是一蹴而就的,而是有渐有顿,但对一般的修行之人来说,他更强调渐阶的修行。成玄英说,"大学之人,岂近心能证,必须累劫修研,方致虚极",要修行,应当在不同的阶段选择相应的效法对象。成玄英认为,修道之初,首先"必须法地安静",这是因为"静为行先,定能生惠也",心灵不受外界的诱惑而有所安定,这是修行的前提,也是智慧能产生的前提;其次"须法天清虚,覆育无私也",接着要效法天覆育万物的无私无为的品性,这也意味着智慧的增长;接着要"法道虚通、包容万物也",把道作为效法的对象,培养自我包容万物的品质;最后,"法自然之妙理,所谓重玄之域也",自然是道的最高表现,是理想境界的最高表现,所有的一切,到此则表现为纯任自然,非有心造作,这才是修行的最高境界。

成玄英认为,修行的阶段不同,所表现出的境界也有所不同。以重玄的思想来表达人生境界的高下不同,是成玄英境界观的主要特色。成玄英说,"玄者深远之义,亦是不滞之名"。"玄"是成玄英境界观的主要追求,其具体内涵就在于能达到深远的人生境界,能达到与道为一,而其主要的特征就在于"不滞",即不执着于特定的对象。成玄英认为,因为人的心灵不同,所以也表现出不同的人生境界。"有欲之人,唯滞于有,无欲之士,又滞于无,故说一玄,以遣双执,又恐行者滞于此玄,今说又玄,更祛后病,既而非但不滞于滞,亦乃不滞于不滞,此则遣之又遣,故曰玄之又玄",最低的境界是所谓的"有欲之人",他把心灵的关照对象投注于欲望的满足和对外界空幻之物的追逐，这就是"滞于有"的心态。

其次是所谓的"无欲之士"，他看到尘世的空幻，但又执着于"空见"，消解了人生的意义和追求，这就是"滞于无"的心态。圣人为了帮助世人排除这两种偏见，所以言说"一玄"来遣除偏执，"一玄"也就是"中道"，既不滞于"有"，又不滞于"无"，但"一玄"还是对"中"有所执着，也不是人生的最高境界，所以需要进一步遣除对"中"的执着，最后达到不仅不执着于"有""无"，也不执着于"中"的无所执着的自由状态，才是人生的最高境界，这就是"重玄"的境界。成玄英说："前以一中之玄，遣二偏之执，二偏之病既除，一中之药还遣，唯药与病一时俱消，此乃妙极精微、穷理尽性，岂独群圣之户牖，抑亦众妙之法门。"在成玄英看来，要达到"重玄"的人生境界，其中最重要的就是内心的"遣忘"，而最终达到"不滞"的自由。

那么，如何将道的精神落实于对生命的具体关照呢？成玄英改变了传统道教以形为养护对象的价值取向，而主张"忘遣"为主的心灵修养。他不但主张对外界之物的遣忘、对内在情欲的遣忘，而且主张对形身的遣忘。他说："执着我身，不能忘遣，为身愁毒，即是大患。故知贵我身者，与贵患不殊也。"对形身的执着，实际上也是造成生命苦闷的原因，也带来了生命的痛苦，所以应该"忘遣"这种执着。如何达到"忘身"的境界？成玄英说："只为有身，所以有患，身既无矣，患岂有焉？故我无身，患将安托？所言无者，坐忘丧我，隳体离形，即身无身，非是灭坏，而称无也。"心灵只有超越对肉体生命的关照，才有可能获得长生不老，而"不知身是大患，矜而贵之，自贵其身，恒欲陵物，如此之人，适可暂寓于世间，不得久视于天下"。

成玄英强调，他所谓的"忘身"，不同于佛教的"厌身"，佛教不仅把外物看成是影响成佛的诱因，而且认为人的肉身本身也是空幻的，因而有憎恶之心。成玄英说："修道行人，必须处心无系，不得域情狭劣、厌离所生。何者？夫身虽虚幻，而是受道之器，不用耽爱，亦不可厌憎。故耽爱则滞于有为，厌憎则溺于空见。不耽不厌，处中而忘中，乃真学道者也。"只有处中忘中，不执着于肉身，才是真正的学道者，才有可能获得长生不老。

无为：理国理身的最高准则

成玄英的老学思想以对生命的关照为本位，但同样关注社会政治问题。在他看来，"治身"与"理国"两个方面是统一的，这不仅表现在把现实社会中生命危机和恶劣政治的根源都归结于"妄心"，而且在于他在解决这两个问题时都把"道"作为终极依据，提出以"无为"为纲领的行为准则。

成玄英所主张的无为，并不是无所作为或者不作为，而是追求人的内心世界和外在行为的辩证统一，即"无心而为"。所谓的"无心而为"，指的是摒弃私己的感情和欲望，超越个人的无知和偏见，以一种顺乎自然的心态去成就万物。成玄英认为，无为的圣人"虽有荣华之宫观，燕寝之处所，而游心虚澹，超然物外，不以为娱，处染不染也"。圣人虽然混同于俗，表面上和常人没有两样，但他的内心世界并不因为外在环境的优美恶劣而生起喜爱厌恶的念头，其心平静如水，一尘不染。成玄英强调，"无为"并不仅仅是心灵的空虚淡泊，而且在语言和行为上都有所要求，这就是所谓的"三业清静"。第一"口业净"：无论言说与沉默，都和道体保持同一，所以他说了也如同没有说，没有说也是对道的展示。第二"意业净"：认识到所有的存在本性都是虚假的,但并不脱离虚假,而是在虚假的基础上追求真实。第三"身业净":以无所作为的方式成就万物,行为合乎自然,与道同一。总体而言,"三业清静"就是在心、言、行三个方面都做到无为。成玄英认为,只有做到"三业清静",方能处于"中一"之道,获得精神的圆满和生命的长久。"虽复心灵洁素,障累久消,而混沌有为之中,与尘浊不异也","虽复处有欲之中,同事利物,而在染不染,心恒安静闲放而清虚也","虽复安静,即静而动,虽复应物而动,心恒闲放,而生化群品也","圣人持此一中之道,轨范群生,故为天下修学之楷模也"。

在成玄英看来,这种意义上的"无为"不仅是个人处世的准则,同样也是为政的纲领。他说,"上合天道,下化黎元者,无过用无为之法也",即无为的法则上能合乎天道,下能教化百姓,是最高的行为法则。成玄英认为,在政治上施行无为,就能达到理想的社会境界。他说:"夫治国者,须示淳朴,教以无为,杜彼邪奸,塞兹分别。如此,则击壤之风斯返,结绳之政可追。"

那么,将"无为"的法则落实于具体的社会,指导人们的行为,最重要的原则是什么?成玄英认为,此无过于持守"谦柔静退"四字。他说,"不能静退谦虚,恒欲执求盈满,夸矜我大,意在陵人,必致倾危,不如止而行也",即不能做到静退谦虚,而执意于追求圆满,过分夸大自己,贬低别人,必然会导致倾覆危亡,"所以佐世之功成、富贵之名遂者,必须守分知足,谦柔静退,处不竞之地,远害全身。能如是者,深合天真之道也"。成玄英对"谦柔静退"四字作了细致的解释。(1)所谓的"谦",就是谦和,"傲慢有余者,必招损败;谦和不足者,与其福善",只有谦和,才能获得幸福和吉祥,同时，谦和也意味着在政治上不贪图功名。他说："体道圣人，常善救物，虽复财德两施而不恃其劳，有大至功而功成不处者，意在执谦退己，推功于物，韬光晦迹，不欲示见己之贤能也。"（2）所谓的"柔"，就是认识到柔弱与生存、刚强与死亡的对应关系，"是知行刚强者，乖于和理，故与死为类；行柔弱者，顺于和气，故与生为徒"，从而把柔弱作为立身的根本。（3）所谓的"静"，就是清静，成玄英说："静则无为，躁则有欲，有欲生死，无为长存，静能制动，故为君也"；"人常能守静，则其德不散，故能复归于本性，归无分别智也"。静不仅能消解人的欲望，而且能泯灭人枉自分别去取的偏见。在政治上，成玄英反对"恣情淫佚，厚赋繁徭，禽荒色荒，轻忽宇内"的为政态度，他认为这都是轻躁的行为，必然导致伤身亡国，"恣情放欲，轻躁日甚，外则亡国，内则危身"。所以他主张"王畿千里、戎马万乘之君应须重静"，只有实行清静无为的政治，才能保证国泰民安。（4）所谓的'退"，就是谦卑处下，不为物先。成玄英说："处于荣贵，遂起骄奢，而福善祸淫，忽然凋落，此之荣宠，翻为祸基。若知倚伏不常，贵为祸始，应须自戒，勿为放逸，处于荣华，恒如卑贱。故贵以贱为本，高以下为基，是以知荣守辱，天下归凑，譬彼川谷，包纳虚容也。"人处于荣华富贵的环境下，容易生起傲慢奢侈的欲望，一旦失去了荣华富贵，这种心态和欲望就造成祸根。如果能早认识到这一点，提前惩戒自己，时时刻刻不放纵自己，用谦卑的心态对待他人万物，才有可能长久，获得众生的归附和认同。故而成玄英说："谦卑逊让，退己处下，不与物竞，故德行盈满也。"成玄英认为，"谦柔静退"也意味着"守分知足"，"体知财贿虚假，守分不贪，清廉知足，故无耻辱"，能够认识到财货本身就是虚假，安守本分、去除贪婪、清正廉洁、知足常乐，就不会有耻辱；"既悟名誉非真，所以止而不著，全身远害，故无危殆"，能够认识到名誉并非真实的存在，所以远离对名誉的执着贪恋，就能远离祸患，没有危害；总之，"知止于名，知足于货，忘名忘利，则可长可久"，即只有"守分知足"，才可以得到长久的生命理想。

　　成玄英老学所涉及的问题虽然广泛，但总体上仍是基于初唐政治需要而产生的以道教信仰和哲学思辨的相互结合为基本特征的宗教思想体系。在这个博大的思想体系中，对现实社会中政治和生命问题的关照，构成了成玄英最为主要的现实起点，而"长生久视"的生命理想和"长治久安"的政治追求，则是成玄英基于道教传统和现实需要所确立的终极目标。在坚守道教神仙信仰的前提下，成玄英不但努力于确立老子在道教乃至包括儒、释、道在内的整个文化传统中至高无上的尊神地位，而且广泛吸收了多种思想资源，对《道德经》思想作了系统的阐述，构建了包括宇宙生成论、本体论、存在论、心性论、修养论、处世论、政治论等多种思想在内的哲学体系。不可否认，这个哲学体系虽然融摄了大量的佛学因素，但却表现出以道家为本位的思想特色，并最终从属于其道教信仰。成玄英以道教信仰和道家哲学相互交织为特色的老学思想体系，正是李唐初期尊老崇道的文化政策催生的必然结果。

第 4 章

庄学话语下的重玄逍遥妙境

——以《庄子疏》为代表的晚年思想

唐高宗永徽年间，成玄英获罪流放郁州，刑满之后，便过着隐居民间的生活。曾经的辉煌，在喧闹的世俗生活中淡泊隐去，他生活中的点点滴滴，也不再为世人所知。对凡夫俗子来说，获罪流放的人生转变，也许是一种悲剧；但对成玄英来说，却进一步刺激和催化了他思想的纵深发展。经过人生的大起大落，成玄英深刻地感受到人生的变幻无穷和命运的不可摆脱。他也深刻地认识到，要摆脱精神的苦闷，实现心灵的解脱，并不能依赖什么真圣神仙，最终还需要靠自己。伴随着这种思想转变的成熟，成玄英认同的经典对象也自觉地从《老子》转向了《庄子》，他把思想阐释的重心投向已研习多年的《庄子》，把生命的热情倾注于《庄子》，通过对《庄子》的批疏来继续演绎思想的进路。而《庄子》也成为他消解精神痛苦的杯中酒，实现思想超越的源头水。透过《庄子疏》洋洋洒洒的字里行间，我们能看到成玄英精神苦闷之旅的自我解脱，也能看到他对社会政治和人生问题理性思考的深化发展。在人生潮起潮落中，成玄英通过《庄子》获得了某种精神的解脱，也达到了某种心灵的彻悟。

一、庄学精神归宿的形成

从经典诠释的文化背景而言，整个唐朝是《老子》最为鼎盛的时代。在这个时代，《老子》被尊为道教的最高经典，受到皇室贵族和民间士人的顶礼膜拜，而对《道德经》的疏解阐释也因合乎时代，而成为当时知识分子的主流倾向，成玄英也曾经是这个文化阵营中的重要一员。然而与众不同的是，成玄英最终把经典的目光投向了《庄子》，选择了当时道教并不甚看重的《庄子》作为经典而全力注疏，这的确是一件不合潮流的事。这一时期，虽然《庄子》还延续魏晋以来的影响，对当时的知识分子也有很大的吸引力，特别是在佛道之间的论辩中，经常为佛教徒和道教徒所援引，但是没有人把《庄子》作为一部可以作为诠释对象的经典来注疏，在道教中，选择《庄子》作为一部经典来诠释并发生重大影响的，成玄英可以说是第一人。

对庄子的高度认同和评价

庄子是战国中期人，与孟子同时而稍晚。《庄子》也并非完全是庄子的个人作品，而是以庄子思想为渊源和主体的集体作品。但在宋代之前，学者普遍认为《庄子》全部为庄子本人的作品。成玄英也接受这种观点，在其《庄子疏序》中，成玄英把庄子本人和《庄子》看作统一的。他认为，《庄子》之所以称为"子"书，在于"子"是"有德之嘉号"，是古人对自己老师的敬称，同时"子"也是书名，"非但三篇之总名，亦是百家之通题"。这不仅是《庄子》内、外、杂三篇的总体称呼，也是先秦时期诸子百家对文献命名的通例。对《庄子》称为"子"的解释,说明成玄英对庄子本人及其思想的高度认同。同时,成玄英也在其《庄子疏序》中对《庄子》给了极高的评价。他认为,在所有的典籍之中,《庄子》的思想"钳揵九流,括囊百氏",可以说是各种思想学说的汇总大全,所以《庄子》也就当得上"谅区中之至教,实象外之微言"的赞誉。成玄英还认为,《庄子》"其言大而博,其旨深而远,非下士之所闻,岂浅识之能究"。《庄子》言论广博,大而无当,恣肆汪洋,旨趣高远,非一般人所能理解,这也是成玄英之所以要疏解《庄子》的重要原因。

成玄英为什么对《庄子》作出如此高的评价?这不仅在于他对《庄子》思想的认同,而且在于他对庄周本人的认同。在成玄英心目中,《庄子》本身就是庄子的思想和人格的展现,而庄子则是他心目中的仙人、圣人。成玄英在《庄子疏序》中说庄子"姓庄,名周,字子休,生宋国睢阳蒙县,师长桑公子,受号南华仙人",这种说法不乏道教色彩。但在对《庄子》的具体疏解中,成玄英并没有把庄子看作肉体飞升、羽化成真的神仙,而认为庄子也是有生有死的人,不过庄子"妙达玄道,逆旅形骸",他把形体看作精神暂时寄存的旅店,把生死看作人生的一段旅程,故而在精神上庄子已经和道完全一致。成玄英高度赞扬了庄子超脱生死、无所系意的人生态度,认为"庄子妙达玄道",精神境界高过世俗,所以是"圣人""体道真人""通人""大人"等。他在对《庄子》的注疏中多次说,"庄子圣人,妙达根本","庄子体道真人,智用明达,俯同尘俗","庄子大人,隐身卑位,遨游宋国,养性漆园,岂迷目于清渊、留意于利害者邪?"由此可见成玄英对庄子人生境界的高度认同。

成玄英对庄子和《庄子》的评价,可谓庄学史上对庄子人格和思想的首次最高评价。在此之前，荀子、司马迁、郭象等人都曾对庄子作过评价。荀子批评庄子"蔽于天而不知人"。司马迁说庄子"其学无所不窥"，可谓知识渊博，又赞美说庄子的语言优美，恣肆汪洋；庄子的人格是"虽王公大人不能器之"，可谓超越世俗；但对于庄子的思想，则是"剽剥儒墨"，"然其要本归于老子之言"，似乎庄子只是对老子思想的广而述之，并没有多少的认同。最为典型的还是郭象对庄子的评价。郭象认为《庄子》虽然"所以不经而为百家之冠"，堪称百家之首，但庄子也只是"知本"而未能"体之"，不过仅仅是认知到了根本而自身并没有深切的体会，其"言虽无会而独应"，所以"虽当无用"，"虽高不行"，他说的话并没有得到人们的认可，他的思想虽然合乎道理，但却没有用，他提倡的境界虽然高远，但却非切实可行，故而庄子也称不上是圣人。成玄英则认为，《庄子》"谅区中之至教，实象外之微言"，而庄子也当得上圣人的名号。由此可见成玄英对庄子的评价之高，非前人所能比。

庄学认同的思想根源

成玄英在晚年放弃以《道德经》为经典的诠释理路，而把诠释的重点转向《庄子》，这一方面反映了他对《庄子》思想的深切认同，另一方面也可看出他对道教诠释传统的偏离。道教从汉末发展到初唐，虽然对《庄子》的思想经历了一个从不重视甚至批评到逐渐谈论援引的过程，但到成玄英之前，《庄子》始终没有成为道教所遵奉的经典，在道教经典诠释的时代思潮中，《庄子》也并没有成为经典诠释的基本对象。那么，成玄英为什么会把诠释的经典定位为《庄子》？他要通过对《庄子》的诠释解决哪些问题？这是我们了解成玄英晚年思想所首先必须解决的问题。

通过文献考察可以发现,《庄子》曾经在成玄英的学术历程中起着重要的作用。在其《庄子疏序》中,成玄英明确告诉我们,他对《庄子》"少而习焉,研精覃思三十(年)矣"。按照当时人们对人生年龄阶段的划分,三十岁之前称之为"少",可见成玄英在其三十岁之前就已经对《庄子》有所学习,到他著《庄子疏》的时候,已经对《庄子》认真研究了三十年时间。结合成玄英的著述,他在《度人经义疏》中没有引用《庄子》,可能这时候还没有对庄子有所研习,但在其《老子开题序诀》和《道德经义疏》中已经对《庄子》有所引述,其中《老子开题序诀》中共征引《庄子》六处,《道德经义疏》中共征引《庄子》四十三处,凡所引之文,散见于《庄子》内、外、杂三篇,引庄证老,入契得当,说明成玄英此前已经对《庄子》有相当深入的学习和深刻的领悟。如果断定成玄英在二十多岁完成了《度人经义疏》的话,那么成玄英对《庄子》的学习应该在二十多岁到三十岁之间,到他四五十岁的时候,已经能熟练地引用《庄子》了。但是在成玄英的中年,《庄子》虽然是成玄英注疏《道德经》的主要思想资源,但并没有作为经典文本成为其诠释的对象。为什么在晚年,成玄英却放弃了对《老子》的诠释,而把诠释的对象转向《庄子》,这在当时以《老子》为主要诠释对象的道教思想热潮中,的确是一件令人不可思议的事情。但是我们结合成玄英的思想经历和《庄子》的思想特点,应该对此能有所理解。

首先,成玄英把诠释对象转向《庄子》,是其前期思想的延续发展。成玄英中年活跃于京师长安,在宗教、学术和政治上都颇有影响力。基于初唐政治对道教的需要,像成玄英这样的道教学者,不仅要在社会层面扩大老子的影响,而且更要基于道家思想的根基，为统一不久的新政权提供合理的政治理论方案和利于统治的人生哲学，在《道德经义疏》中，成玄英明显地表明了这种思想倾向。虽然成玄英经历了流放，但是他对理想政治的寻求并没有终结，因为政治和人的生命是紧紧联系在一起的，不可能把这一问题放下。同时，在《庄子》特别是外、杂篇中的确有着大量的关于政治的言论，这不能不引起成玄英的共鸣，值得一提的是，当时已经发生重要影响的郭象的《庄子注》本身也是以政治关怀为落脚点的，所以成玄英也需要在郭象注的基础上，通过对《庄子》思想的再诠释，继续完成自己对理想政治的思想寻求。

其次，成玄英把诠释对象转向《庄子》，应该说与其生命经历的巨大转折密切相关。在成玄英的早年，其关注的现实主题是众生的生命问题；在其中年，因为政治的需要，这一思想主题被开展为对"理国理身"之道的探求，其中自然也包含对生命的关照。成玄英遭流放之后，他在早年、中年所关注的生命问题并没有得到解决，反而变得更加突出尖锐，成为他生命中的一大主题。这一人生的巨大转折使成玄英对大起大落的人生悲剧有了更加深刻的体悟，追求生命圆满的理想却造成了精神的苦闷，而原有的道教信仰并不能帮助他解决这种精神的苦闷。在这种情况下，成玄英自然需要把重心转向原来作为老子思想辅翼的《庄子》，因为与《老子》相比，《庄子》的思想主题更加明确地集中于对个体生命的关怀方面，庄子以精神超越的方式来解决生命问题的思想宗旨，在这一时期也特别能获得成玄英的认同，《庄子》自然成为成玄英的思想重心、关注重点。这可能是他思想倾向注重人生超脱的《庄子》的现实原因之一。

成玄英选择了《庄子》作为自己诠释的基本对象，通过对

《庄子》的挥洒疏注和对郭象注的修正深化,把自己的政治理想和人生理想交织在一起,以《庄子》的思想为主而综合其他,提出了以"理国理身"为终极关怀的理想境界和理想人格,这构成了成玄英思想的最终落脚点。

当然,在成玄英的视阈下,对生命的关怀还是《庄子》的思想重心。人生的大起大落,让成玄英体悟到了造物的无常、万境的空幻和人生的吊诡。他的思想主题也不再是如何提升道教的地位,而是自己如何从痛苦的个人境遇中解脱出来。在这种情况下,《庄子》也就成了成玄英抒发郁闷的天地、阐述思想的胜场和浇淘块垒的酒盅。正像卢国龙先生所述:成玄英思想学术最有魅力,也最耐人寻味的地方,主要还在于他对人生悲剧的深刻觉悟。将庄子学说看作一个整体,反映出成玄英所达到的理论高度,是其学说的逻辑外壳,对人生悲剧的深刻觉悟,则是其思想的内核。成玄英的哲学理论,初看起来机辩而圆润,但又使人处处感受到莫名的压抑和痛苦,反映出一个思想家所特有的迷茫,也反映出人性自身矛盾这样一个超时代的课题。虽然成玄英感受到魏晋玄学之士或以谈虚说无或以放浪形骸所掩盖的身心痛苦,但又找不到甚至想象不出一条解救之路,因而向往庄子逍遥无待的精神超脱。他看到人生的孤立,看到所谓社会只是将人抛向冲突更加剧烈的灾难深渊,却触摸不到救世主那只伟大的援救之手,于是以自然独化的理论抽象来概括人生的真实境况,向往那种人与人相忘于江湖的自然和谐。他鄙薄世俗的庸浅,厌憎仁义礼教等对人性的宰割,但又寻索不出跳脱这张恢恢网络的缺口,于是像中观学者所说的那样,"毕竟无"的真谛即在"世俗有"之中,又像庄子曾表示的那样,以忘却的哲学混同物我,冥一人天,在自我精神中求取"天然解脱"。所谓"天然解脱",就是在世俗之网的笼罩下,完成精神上的超越,向内在心性中发掘实现人生理想的可能。他想做一个轻松自在的人,但又明白无误地意识到"道"的客观真实性,体会到"道"对思想行为无可争议的规制作用,于是建立起"重玄"的思想原则,以不断遣除、不断否定自我观念的方法,排遣灵魂深处的冲突。

二、对《庄子》思想的总体认识

成玄英对《庄子》的高度认同,是建立在他对《庄子》思想的整体把握和认识的基础上的。而《庄子疏序》则是成玄英庄学思想的总纲,集中地体现了成玄英的庄学观。在序中,成玄英不仅对庄子的现实关怀作了阐释,对《庄子》的思想主旨作了概括,而且立足于整个《庄子》文本,对各篇的思想结构作了论述。这三个方面结合起来,构成了成玄英疏解《庄子》的思想基础。

《庄子》的现实关怀

在《庄子疏序》中,成玄英认为,庄子之所以要著《庄子》,其原因在于庄子"当战国之初,降衰周之末,叹苍生之业薄,伤道德之陵夷,乃慷慨发愤,爰著斯论"。由此可以看出,庄子著《庄子》的思想动机是有感于当世天下苍生纷纷扰扰,不能自安其性,淳朴的社会风尚受到了破坏,才慷慨而起,著述《庄子》。进而,成玄英在《逍遥游》疏中,明确地表达了自己对《庄子》社会价值的认识。他说,"庄子之言,不狥流俗,可以理国治身,且长且久者也";"庄子之言,无为虚淡,可以逍遥适性,荫庇苍生也";"庄子之言,乖俗会道,可以摄卫,可以全真,既不夭枉于世途,讵肯困苦于生分也!"

成玄英认为,《庄子》的思想具有"不狎流俗""无为虚淡""乖俗会道"的特点,对于治理天下、养护生命和追求精神解脱自由具有实际的功效。由此可见,成玄英对《庄子》现实关怀的把握,凸显了《庄子》在政治和人生两方面的价值和意义。这一点,与成玄英对道家思想具有"理国""理身"双重功效的认识是一致的。

成玄英对《庄子》现实关怀的观点,突出了《庄子》在社会政治方面的功用。在很多人看来,庄子的思想关注的不是政治和社会秩序的问题,而是人的生命存在特别是人的心灵危机问题,更看到庄子对当政者的冷嘲热讽,对世态的冷眼相向,所以主张庄子思想是彻底的出世主义。实际上,庄子虽然关注的是人的生命危机这样的个人问题,但这样的问题并不仅仅是庄子现实生活中的个人问题,而且更是当时社会境域中的普遍性危机,庄子对惠施的劝说,对孔子的同情,对世人的感慨,充分表明庄子有着关怀社会的热心肠。成玄英对庄子思想动机的理解,正是凸显了庄学的社会价值意义,更加贴近《庄子》本身,值得庄学研究者的注意。

《庄子》的思想宗旨

思想宗旨,在成玄英思想中常常用"宗致"表述,在《老子道德经开题序诀义疏》中,成玄英说:"夫释义解经,宜识其宗致。""宗致"构成了解释理解的基本前提,也是成玄英庄学的理论特征和思想宗旨。基于庄子和《庄子》思想同一性的认识,成玄英认为,《庄子》的思想宗旨为"申道德之深根,述重玄之妙旨,畅无为之恬淡,明独化之窅冥",以"道德""重玄""无为""独化"概括了《庄子》思想的主要方面,表明了庄子思想的内在特征。这实际上是成玄英在对《庄子》解读中意义的生成，一方面反映了《庄子》中固有的思想倾向，另一方面也是成玄英自己的庄学思想。所谓的"道德"，是从存在与价值的双重维度对一切存在者的本体性规定；"重玄"，则是从智慧与道德的双重维度对人的境界层次的规定；"无为"，则揭示了宇宙存在"自然而然"的属性，也是修道主体在认识和实践方面的基本原则；"独化"，则反映了一切存在者的存在都是依据于自我本性的存在，彼此之间不存在相互依赖的关系。"道德""重玄""无为""独化"四个概念分别表示着成玄英庄学四个不同的思想方面，又彼此之间相互涵摄，共同体现着成玄英庄学的思想旨趣。

在成玄英之前，郭象和陆德明对《庄子》思想作过概括。郭象认为《庄子》的思想宗旨在于"通天地之统，序万物之性，达死生之变，而明内圣外王之道，上知造物无物，下知有物之自造也"，也就是他所主张的"独化"论。陆德明认为《庄子》的思想宗旨在于"逍遥""自然""无为""齐物"。成玄英对郭象、陆德明的庄学思想有所吸收，以"道德""重玄""无为""独化"概括《庄子》的思想宗旨，将老子的"道德"、郭象的"独化"、陆德明的"无为"和肇始于孙登的"重玄"四者统一起来作为《庄子》的思想宗旨，比此前对《庄子》思想特征的把握更为丰富，是初唐庄学诠释中新的理论成果，突出了庄学与道教重玄学的结合。

《庄子》的思想结构

在对庄子认同的基础上，成玄英认为《庄子》本身是一个思想的整体，而《庄子》文本之所以这样划分为内、外、杂三篇，并不是随意的，而是反映了《庄子》的思想结构和每篇重心的不同。成玄英认为，"事虽彰著，非理不通；理既幽微，非事莫显",事、理之间的关系,是"本""迹"的关系。"本""迹"也就是体用,两者之间虽然"理"是根本,"事"是"理"的体现者,但不可截然分割。在诠释的角度上,虽然重心在于阐明"理",但如果只摆事实,而缺乏道理论证,使人不能认识到真理;同样,只说道理,而缺乏具体的事实支撑,就是真理人们也不会信服。因此,文本要表明一定的思想主张,就需要通过"理""事"两个方面来彰显。成玄英认为,《庄子》在篇目划分上就是因为各篇承担的理论任务不同所致。他说:"内篇明于理本,外篇语其事迹,杂篇明于理事。"但三篇的划分,也并非是截然相对的,而是贯通一气的,他说:"内篇虽明理本,不无事迹;外篇虽明事迹,甚有妙理;但立教分篇,据多论耳。"内、外篇的划分只是就其主要方面而言。由此可以看出,成玄英对《庄子》文本思想结构的理解,有着强烈的体用思辨色彩,而"本""迹"就是体用关系的理论表征,在成玄英看来,"本迹"即体用,是一而不二的,所以事理也不可分割。

成玄英还认为,内、外篇的次序排列和篇题设计也不是随意的。他说:"内则谈于理本,外则语其事迹。欲先明妙理,故前标内篇。内篇理深,故每于文外别立篇目,郭象仍于题下即注解之,《逍遥》《齐物》之类是也。自外篇以去,则取篇首二字为其题目,《骈拇》《马蹄》之类是也。"《庄子》的思想重心在于"明理",所以内篇在前;由于内篇的哲理深邃,于是设立了标题,郭象也对每篇的思想主旨作了注释。对于外、杂篇,成玄英说:"《骈拇》以下,皆以篇首二字为题,既无别义,今不复次篇也。"

在成玄英看来,虽然《庄子》外、杂篇的重心在于阐明"事迹",但也"甚有妙理",为内篇思想主张提供史事例证和理论论证，但与内篇相比，却是"既无别义"，不需要另立题目标举大义，只取篇首二字为其题即可。《庄子》所关注的思想主题，是《庄子》中的"义"，而"理"是对"义"的论证说明，"事"是对"义"的事实证明，在"事""理""义"三者之间，"义"才是统帅，是根本。对成玄英庄学思想的理解，首先应该把握的是成玄英庄学的"义"，然后才能在此基础上探讨其"理"的思想特征。

在对《庄子》的理解中，成玄英特别看重内篇。他在《庄子疏序》中说："《骈拇》以下，皆以篇首二字为题，既无别义，今不复次篇也。"可见，成玄英认为《庄子》的思想主题集中在《庄子》内篇，内七篇虽然各有主题，但这些主题具有紧密的思想联系，共同构成一个意义群体。七篇之中，《逍遥游》篇全面地展示了人类追求的终极境界，标志着人的终极理想，因此《庄子》以该篇为全书之首。

在《庄子疏序》中，他还撷采先代顾桐柏、支道林、穆夜三人的观点，重点解释了"逍遥游"的意义。成玄英认为逍遥境界的理想人格是"无待圣人"，圣人之所以能够达到逍遥自由的人生境界，在于圣人有着最高的人生智慧，凭借这种最高的智慧，才能够混同万物，齐一天人，因而《齐物论》是追求逍遥境界的基础和出发点，故次之于《逍遥游》。对于一般的人来说，如果树立了齐物的观点，心灵就凝然不动于外物，懂得了如何面对生命问题，所以《养生主》篇主要说明面对生命的态度和主张。肯定了生命的价值和养生的基本原则，还要认识到人是不能脱离社会而存在的，只有在社会中"随变任化"，才能处涉人间，所以《人间世》篇次之。能处于纷繁的人世间而全真保生，万物自然有所归依，这就是"内德圆满"，外有所合，所以继之以《德充符》。如果在个人生命、社会事务以及自身品质上都达到了极致，就可以"匠成庶品"，生化万物，堪称宇宙中的最高主宰，《大宗师》篇就是此意。在圣人主宰的社会中，万物和谐，品类咸亨，是理想的社会境界，所以内篇终之以《应帝王》篇。

通过以上可以看出，成玄英庄学的思想主题，集中在内篇。在内篇中，《逍遥游》集中地解释了成玄英的境界观，是成玄英庄学思想的总纲；在此，成玄英指出"逍遥"境界的获得必须以智慧和道德的双向提升为前提。从《齐物论》到《人间世》，则主要解释了真正的智慧是什么以及如何用这样的智慧对待生命，并将养生的原则具体体现在复杂的社会处境之中，从而达到"内德圆满"的道德境界。从《德充符》到《应帝王》篇，则主要解释了真正的道德是什么以及这样的道德具有怎样的功用，将人生的境界推进到"无为而无不为"的圣人境界。本书即以成玄英对《庄子》思想结构的认识为前提，以其对内七篇各篇思想主题和相互关系的理解为基础，从逍遥观、智慧观和道德观三个方面对成玄英的庄学思想作以简要阐述。

三、以逍遥为宗趣的理想境界

《逍遥游》是《庄子》的首篇，它在《庄子》中的意义在于一开篇就展示了一种与众不同的、气象恢宏的自由形象，凸显了一种由精神的超越而达到的超迈境界，是《庄子》整个思想中理想境界的全面展示。因此《逍遥游》在整个《庄子》文本中具有重要的地位，为历代庄学注家所倚重，特别是围绕对"逍遥"的不同理解，往往会形成不同的境界观，从而为诠释《庄子》的不同趋向奠定基础。以《逍遥游疏》为中心考察成玄英对《庄子》"逍遥"的理解，可以透析其境界观的特征，理解其哲学思想的终极追求和本体依据。

逍遥境界的内涵

与先前的庄学注家一样，成玄英对"逍遥"的理解极为重视。他对"逍遥"的解释，按照形式可以分为两个方面：一是引用别人的观点间接解释；二是在疏解的过程中直接解释。

成玄英在《庄子疏序》中通论《庄子》的思想主题和内在结构时，特意有选择地列举了前人对"逍遥游"的三种解释，借以表明自己对"逍遥游"的理解。成玄英说，对于"逍遥游"，古代和现在的解释有所不同，所以他确立纲目，对之作出三种解释。

第一种解释是顾桐柏的观点。顾桐柏说："道者，销也；遥者，远也。销尽有为累，远见无为理。以斯而游，故曰逍遥。"顾桐柏以"销"解"逍"，以"远"解"遥"，认为"逍遥"就是涤除"有为"负累和认识到"无为"道理的自由轻松的状态。在这种观点中，逍遥是以主体认识的转化为前提的境界提升，"无为"是逍遥精神的基本内涵。

第二种解释是支道林的观点。支道林说："物物而不物于物，故逍然不我待；玄感不疾而速，故遥然靡所不为。以斯而游天下，故曰逍遥游。"支道林认为"逍遥"就是主体（我）超越了外在制约（待）而达到的一种可以无所不为的自由境界。其中的"逍然"，是就主体与外在之物的关系来说，达到了庄子"物物而不物于物"的境界，具有自我的主宰性，而不沦陷于外在物事的牵引。"遥然"，从外在行动来说，指行动的充分自由。如此，两方面结合起来就是逍遥，这说明支道林的"逍遥"标志的是一种境界。

第三种解释是穆夜的观点。穆夜说："逍遥者，盖是放狂自得之名也。至德内充，无时不适；忘怀应物，何往不通！以斯而游天下，故曰逍遥游。"穆夜认为"逍遥"是"放狂自得之名"，从内在精神和外在气质两方面揭示了"逍遥"的意义。"自得"是就内在修养而言，是所谓的"至德内充"；"放狂"则是以外在气质而言，是所谓的"忘怀应物"。"无时不适"，"何往不通"是超脱于时空的限制，无所不能的自由境界。

成玄英并不是简单地列举顾桐柏、支道林、穆夜三人对"逍遥"的解释，而是借他们的观点来表明自己对"逍遥"的理解。通过对前人理解的接受，成玄英认为"逍遥游"所揭示的就是主体的精神境界。除此之外，成玄英还用自己的语言对"逍遥"作了解释。

首先，在《庄子疏序》中，成玄英解释了《庄子》以《逍遥游》开篇的原因。他说："所以逍遥建初者，言达道之士，智德明敏，所造皆适，遇物逍遥，故以逍遥命物。"成玄英指出，《逍遥游》篇所关注的是人的境界问题。其中逍遥的主体是"达道之士"，其内在修养乃"智德明敏"，其外在表现则是"所造皆适，遇物逍遥"。达道之士必将"以逍遥命物"，将这种逍遥的个人境界推及到宇宙万物，从而实现宇宙万物的逍遥，个人理想转化为一种普遍的社会理想。这个理想境界分为个人境界和社会境界两个层面，并且后者的实现以前者的实现为前提。在个人境界的层面上，"逍遥"境界的基本内涵是个人的绝对自由（无不为）；在社会境界的层面上，"逍遥"境界的基本内涵是社会中每个个体的自由逍遥。两个层面的"逍遥"都以"道"为本体支撑（达道）；以人为实践主体（达道之士）；以心灵在智慧和道德境界两个层面的双重提升为基本要求（智德明敏）；并最终指向社会中每个个体原本状态的复归（无心、无为）和审美感受的获得（自得）。据此，我们说成玄英的"逍遥"观是一种境界之学，具有指向真善美和谐统一的终极意义。

其次，成玄英在对《庄子》的疏解中也解释了"逍遥"的内涵。在《逍遥游疏》中，成玄英说："彷徨，纵任之名；逍遥，自得之称；亦是异言一致，互其文耳。"在《大宗师疏》中，成玄英说："芒然，无知之貌也。彷徨逍遥，皆自得逸豫之名也。尘垢，色声等有为之物也。前既遗于形骸，此又忘于心智，是以放任尘累之表，逸豫于清旷之乡，以此无为而为事业也。"在《达生疏》中，成玄英又解释说："彷徨是纵放之名，逍遥是任适之称。而处染不染，纵放于嚣尘之表；涉事无事，任适于物务之中也。"可见，成玄英认为"逍遥"与"彷徨"具有同等的意义，"自得逸豫""纵任""纵放于嚣尘之表""任适于物务之中"是逍遥的具体内涵。其前提必须"既遗于形骸""又忘于心智"，也就是顾桐柏的"销尽有为累"。所以"有为"并不仅仅是对外在事物而言的，而且更重要的是自我的形骸、心智。对此，只有通过"遣忘"的方式才能够解决，"遣忘"，首先是借助心灵对形骸的观照，遣除其追逐外物的种种感官意欲，其次再遣除心灵观照生命活动中的负累，把心灵从生死的流变中解脱出来，最后遣除心灵对万物和生命的固定意向性，达到"自得逸豫"，即在销尽所有人为造作后，满足于内在的全然真我，在精神境界中呈现出一副无为状，所谓"放任尘累之表，逸豫于清旷之乡"也。因此，"逍遥"只能是就精神性之超越而言的"遣忘"。然而，"逍遥"并不能只停住在无为境界，仍须"以此无为而为事业也"，由无为而无不为，最后能无所不为，即支道林所说的"遥然靡所不为"也。

从此可以看出，成玄英的"逍遥"观具有浓厚的境界意义，这种理想境界的基本含义就是《老子》的"无为而无不为"思想,而不是庄子的"无为"思想。这与成玄英的老学思想相关。以"理国理身"之道为唐代统治者建构人格理想和政治方案,是成玄英老学思想的终极关怀,这种思想倾向体现在成玄英的晚年思想中,使得成玄英庄学的终极境界具有浓厚的老学意蕴。熊铁基等先生指出,"会通老庄"是成玄英庄学的特色之一,这是对成玄英庄学思想的一个准确把握。

逍遥境界的准则

成玄英根据他对"逍遥"的理解,重点疏解了《庄子·逍遥游》篇。其基本思想是:首先是通过对"鹏鸠之喻"的疏解,以万物的"自然"本性和变化大理作为逍遥的根据和条件,凸显出"逍遥"的自然存在状态;其次由物的自然存在观照人的存在,昭示人在逍遥境界上的差别;最后在圣人的层面上,展示逍遥之极致。

"鹏鸠之喻"在《庄子》中占有重要的地位,对理解《庄子》的"逍遥"思想具有重要意义。因此,历代的庄学注家往往集中于"鲲鹏、蜩鸠是否逍遥"的问题提出自己的见解,但关于"大鹏在《逍遥游》中究竟代表什么境界",庄学家的看法并不一致。一种观点认为,从鲲化鹏,乃象征"喻大而化之,之谓圣也";另一种则主张,大鹏之高飞仍有待于风,所以它不能代表物物向上自我超越以成圣人、神人的发展过程。成玄英"逍遥"境界观所主要关注的是人的逍遥问题,而不是自然物的逍遥问题。但他接受了郭象的基本观点,认为自然之物在存在上都是逍遥的,并希望能从自然之物的逍遥中发现"其何所以能逍遥"的根据,以作为人提升自己境界的起点根据。

成玄英认为,《庄子·逍遥游》开篇即点明了万物逍遥的内在根据。《庄子》开篇说"北冥有鱼,其名为鲲"。成玄英疏解说:"巨海之内,有此大鱼,欲明物性自然,故标为章首……故知大物生于大处,岂独北溟而已。"静态来看,任何事物的产生,都和它所在的环境有着紧密的关系,是自然本性的表现,所以鲲鱼生于北溟,蜩鸠翔于榆枋,大物生于大处,小物生于小处,都出于自然的本性。"物性自然"是万物得以逍遥的内在根据,鲲之所以"逍遥",在于它能认识到自己所处的环境,并根据环境的变化而转化为鹏,对于人来说,显然也要清醒地认识到自身处境,认识到自己本性的自然,才有可能达到"逍遥"。

成玄英认为,任何事物的自然本性,表现为他和所处环境的紧密联系,而事物所处的环境总是不断变化的,"夫四序风驰,三光电卷,是以负山岳而舍故,扬舟壑以趋新。故化鱼为鸟,欲明变化之大理也"。变化,是事物存在的基本规律(大理),所以万物能得以逍遥,就在于其行动上能顺应这种变化,舍滞求进。而所谓的"逍遥",就是万物在环境的变化中与时俱进,做到"资待合宜,自致得所",做到与外在处境的相与合宜。成玄英指出,万物顺应变化,"适足而已,岂措情乎哉!"万物并非是有心而为,而是由于"形既迁革,情亦随变",自我和外在环境的变化,导致自我本性和外在情态的变化,而不得不随顺之,"即此鹏鸟,其形重大,若不海中运转,无以自致高升,皆得不然,非乐然也"。可见,"逍遥"的获得,必须根据其自然的本性,以内在的无心和外在的随顺为条件。只有这样,才能是"死生聚散,所遇斯适,千变万化,未始非吾",才算得上是"逍遥"。而鲲化为鹏,自北溟以适南溟的变化历程,也向人们昭示了"向明背暗,舍滞求进"的为道途径。

这里,成玄英关于变化的观点有两层意义。其一,"变化"是对外在环境状态的客观描述,"四序风驰,三光电卷,是以负山岳而舍故,扬舟壑以趋新",所有的事物并非是一成不变的存在,而是永远处于不停息的变化之中的,这是对所有存在者基本存在状态的描述。那么,对处于变动不息洪流之中的具体存在者来说,显然就要顺应变化的形势而有所行动。在成玄英看来,具体的存在者对外在环境的顺应并不是简单的物理位移(从北溟到南溟),而首先是自身的内在变化(鲲化为鹏)。成玄英指出,事物自身的变化和位移,并非是刻意追求的结果,而是对外在环境的随顺,从具体存在者内在的心态上来说,是"无心"的。这样自然之物的逍遥,根据就在于能够无心顺化,对于人来说,"顺化"是"逍遥"获得的外在行动上的要求,"无心"则是"逍遥"获得的内在心灵要求。成玄英认为,"自然"是万物的共同本性,是逍遥的依据,但由于万物"受气不同,禀分各异,智则有明有暗,年则或短或长",所以在智慧上仍存在着差别,"物性不同,不可强相希效也"。

其次,事物存在的境域有大小之别,"大鹏抟风九万,小鸟决起榆枋",因此只有大的事物不矜夸于小的事物,小的事物不企慕于大的事物,各安于自己的本性和所在境域,就是自身的逍遥,这就是"自适其性"。成玄英说:"大鹏抟风九万,小鸟决起榆枋,虽复远近不同,适性均也。咸不知道里之远近,各取足而自胜,天机自张,不知所以。既无意于高卑,岂有情于优劣!逍遥之致,其在兹乎!""适性"的要求,在于不存夸企之心,而能知止守分。因此,成玄英说:"是以大舟必须深水,小芥不待洪流,苟其大小得宜,则物皆逍遥。"所有的事物无论大小,但只要从自己特定的具体处境出发,追求境我相宜,自适其性,知止守分,就可以得到逍遥。这里,成玄英着眼于具体存在者"物性"之间的差别,提出了"知止守分"的观点。在成玄英看来,具体存在者之间的性质的差别,在于"受气不同，禀分各异"，万物从构成上是"气"的存在，所以"气"构成了万物统一的本原。从"气"的观点上，成玄英为人性的统一和差别找到了物质的基础。

最后，成玄英通过对"鲲鹏蜩鸠"的疏解，将"逍遥"的条件归结为"率性而动"。他说："夫四生杂沓，万物参差，形性不同，资待宜异。故鹏鼓垂天之翼，托风气以逍遥；蜩张决起之翅，抢榆枋而自得。斯皆率性而动，禀之造化，非有情于遐迩，岂措意于骄矜！体斯趣者，于何而语夸企乎！"所谓的"率性而动"，"性"是"逍遥"的内在依据，主要指事物存在的先天禀赋。对于具体的事物来说，"性"不仅是相对不变的，而且在事物之间也有差异不同，所以要"各安其性"，"知止守分"；但对于所有处于变化中的事物来说，"性"并不是一成不变的，所谓鲲鱼鹏鸟，"升沈性殊"，所以要随变任化，无心而动。从存在的角度上来讲，万物的存在是"自然"的，所以也就是逍遥的。通过对物的观照，可以看出其本性的自然和存在状态的逍遥，从而为人的境界追求提供依据和参照。人只有首先顺从"自然"之性，才能达到"逍遥"的境界。

逍遥境界的层次

成玄英以人为实践主体的逍遥分为三种境界：一种是和鹏鸠之鸟在同一个层次上的常人的"逍遥"；二是以宋荣子、列御寇为代表的"达道之士"的逍遥；三是以尧为代表的圣人的逍遥。这三种逍遥是层层递进的，但前两种逍遥都没有达到逍遥的极致。

成玄英认为，常人"自有智数功效，堪莅一官；自有名誉著闻，比周乡党；自有道德弘博，可使南面，征成邦国，安育黎元。此三者，禀分不同，优劣斯异"。世俗的人如果能如同鲲鹏、蜩鸠一样，首先认识到自己的本性是自然的，并顺应本性而行动，知止守分，安其性命，就能依靠自己的智慧、名望或道德在有限的境域内获得相对的逍遥。

成玄英认为，宋荣子、列御寇是达道之士，他们的逍遥不是在常人境界上的逍遥，常人的逍遥是偏执于"有"的逍遥，而达道之士的逍遥，要比这高一个层次，是超越了世俗功名，混同了非誉荣辱，超然于物外的逍遥。这是"无"的逍遥境界。常人与达道之士的境界差别，关键在于他们的心境不同。常人运用心灵的知性去追求"有"，他们逍遥的前提是认识到自己的自然本性，认识到宇宙中生生不息的变化大理；并能够"率性而动"，依照自己的本性行动，从而获得逍遥。但这样的逍遥，是以知性为支撑的，并不能消除知性本身对生命带来的负累，而达道之士则"率性虚淡，任理直前，未尝运智推求，役心为道，栖身物外"。他们并不像常人那样"运智推求"，用心灵的知性获取逍遥，而是"役心为道"，将自我的心灵投契于"道"，心灵对"道"有所领悟，则能"率性虚淡，任理直前"，没有"运智推求"的累患。成玄英认为，宋荣子和列御寇就是这样的达道之士，宋荣子知道"内既非我，外亦非物"，这是其"智"；有这样的智慧，所以能够"内外双遣，物我两忘"，这是其"德"；有这样的"德"，就能够"忘劝沮于非誉，混穷通于荣辱"，对于世俗所谓的荣辱，世人对自己的毁誉都不介于怀，可以说超越了世俗。

成玄英认为宋荣子的境界不及列御寇的境界。宋荣子内心"虽能忘有，未能遣无"，以为自己的境界高于世俗而有矜伐之心，故笑看尘俗。他是一种"舍有证无"的心态，所以"溺在偏滞""智尚亏也"，不是最高的智慧，也"未立逍遥之趣"，没有达到逍遥的最高境界。而列御寇则在这一点上超越了宋荣子,他并非"役情取舍,汲汲求之",而是"炎凉无心,虚怀任运",所以能"得于风仙之福",达到更高的逍遥境界。成玄英认为列御寇的内心境界是"无心""忘心",这是为道的枢要。他说:"为道之要,要在忘心,若运役智虑,去之远矣。"列子的内在修养已经达到了极致,但逍遥的境界并不仅仅是内在的修养所能达到的,它还必须是外在行动上的"无待",即充分的自由,这一点,列子没有做到,"乘风轻举,虽免步行,非风不进,犹有须待",列御寇的境界也不是逍遥的最高境界。

成玄英认为,逍遥的极致是"顺万物之性,游变化之涂,而能无所不成者",也就是从无为而达到无不为的境界,这种逍遥的境界,就是圣人的逍遥境界。圣人与常人和达道之士的区别,就是圣人是"无待"的:"无待圣人,虚怀体道,故能乘两仪之正理,顺万物之自然,御六气以逍遥,混群灵以变化。苟无物而不顺,亦何往而不通哉!明彻于无穷,将于何而有待者也!"成玄英认为,"圣人动寂相应,则空有并照,虽居廊庙,无异山林,和光同尘,在染不染"。从存在的角度上来看,圣人并非是远离尘嚣,立于无垠的邈姑射之山,他仍然处于世俗之中。但从品格的角度来看,圣人虽处于尘世之中,却具有高尚的智慧和充分的行动自由,圣人在智慧上能"空有并照""智照灵通,无心顺物",达到智慧的最高境界,在行动上能"动寂相应""不疾而速,变现无常",并不依赖于外在的事物,具有行动的主宰性,所以是"无待"的。由于圣人在这两个方面都达到了最高的境界,所以他有充分的自由,能"顺万物之性,游变化之途,而能无所不成",因此圣人的"逍遥"是无所不能的自由,是无所不成的自由。

成玄英还认为,圣人作为"逍遥"境界的理想人格,还在于他有最高的道德境界。他说"圣人德合二仪,道齐群品,混同万物,制驭百灵",圣人"凝照潜通,虚怀利物",体现了圣人的"无不为"并不仅仅是个人的自由,而且在于圣人虽"形同枯木,心若死灰",圣人的"无为",是"无心而为",圣人行事,"岂措意于其间哉"!但圣人能"以逍遥命物",他具有"匠成庶品"的造化之功和"制驭百灵"的主宰之能,所以圣人的"无不为"还具有一定的社会意义,这也就是圣人为何被称为"圣"的原因。

这样,圣人在成玄英的心目中也就是理想境界的最高人格,他在智慧、道德和自由方面都达到了最高的境界,是真善美人格的和谐统一。唯此,圣人才能够神妙不测,变化无常;唯此,圣人才能够匠成庶品,制驭百灵。所以理想境界最高的人格,是至人,是神人,也是圣人。至、神、圣是最高理想人格在不同方面的名号,成玄英说:"至言其体,神言其用,圣言其名。故就体语至,就用语神,就名语圣,其实一也。诣于灵极,故谓之至;阴阳不测,故谓之神;正名百物,故谓之圣也。一人之上,其有此三,欲显功用名殊,故有三人之别。此三人者,则是前文乘天地之正、御六气之辩人也。"圣人和神人、至人是三位一体的,这就是圣人逍遥的前提和内在依据,而圣人的境界,就是逍遥的最高境界。

成玄英的庄学本质是一种境界之学,而"逍遥"是成玄英理想境界的基本标志。"逍遥"的基本内涵是以心灵为主体,通过智慧和道德上的不断提升,解决和超越有限人生中的种种困惑和负累,从而达到个人的充分自由。在这一个境界提升的过程中,呈现出了人生境界的梯进层次,最初是常人以心灵知性认识到自我的"自然"本性,并以之为根据"率性而动"的逍遥;其次是修道者以心灵与"道"投契,超越世俗,混同荣辱,超然物外的逍遥,这里又有因为对"道"的体悟深浅不同而带来的"证无"与"忘心"的差别；最高的境界是圣人"顺万物之性，游变化之途，而能无所不成者"的"无待"逍遥。这样，成玄英境界观的特质在于它层层推进的性质，在于它在智慧、道德和自由三个方面的相与涵摄，进而共同地指向真善美的和谐统一。

四、以智慧为根基的体认方式

如前所论，成玄英所展示的是一种理想境界，这种境界最终体现为万物逍遥，各得其所，是一种社会理想；但这种社会理想的实现是依托于圣人的，圣人是个人境界的终极标准，是修道者的理想人格，修道者要达到圣人的境界，就要"智德明敏"，在智慧和道德两方面都有所提升，智慧与道德不仅是境界层次不同的标准，而且是境界提升的基石。相比而言，智慧比道德的地位更为基础，只有用真正的智慧——"道智"去观照生命，并将养生的基本原则落实于具体的现实境遇中，使生命的困惑得到彻底的解脱，才能算得上是内在道德的圆满。妄心的转化和智慧的呈现，就成为成玄英境界观的重要基础，这一思想主要体现在成玄英对《齐物论》《养生主》《人间世》三篇思想主题和相互关系的诠释理解中。

"妄心"向"道智"的转化

在《庄子疏序》中，成玄英概括《逍遥游》的主旨之后，继而概括《齐物论》的大义说："夫无待圣人，照机若镜，既明权实之二智，故能大齐于万境，故以齐物次之。""权实之二智"为成玄英借用佛学用语，权智，谓了知三乘权化之法，又作方便智；实智，谓了知一乘真实之法，又作真实智、如实智。成玄英借用之来表明说法中的智慧和真正的智慧。由此可见,"齐物"与"逍遥"一样也具有境界的意义,但"逍遥"反映的是成玄英的整体境界观,是智慧、道德达到一种理想的境界,并且产生个体审美感受与整个社会和谐的"天人合一"的境界;而"齐物"的境界是从智慧提升的维度来说的,这种境界的实践主体,并非一般的"凡鄙之人"或所谓的"达道之士",而是逍遥之最高境界的主体"无待圣人"。如是,"齐物"境界是与圣人的"逍遥"境界具有相互交融的地方,"无待"的前提是"齐物",其内在要求是"照机若镜,既明权实之二智",其境界的具体内涵是"大齐于万境"。在《齐物论》中,成玄英分析了生命困境的主体根源在于"妄心",并提出破除"妄心"的方法。他主张真正的智慧是本于"自然"的,这样的智慧能成就理想的人生境界,可谓之为"道智"。

首先,成玄英在《齐物论》疏义中考察了现实社会中生命负累的根源。成玄英认为,作为有限的存在者之一的人,他与其他万物不同在于,万物的行动是"无心而为"的,而人是"有心"的存在者,"有心"是人现实困境的根源,而心智的不同,也是人逍遥境界不同的根源。成玄英说:"夫智慧宽大之人,率性虚淡,无是无非;小知狭劣之人,性灵褊促,有取有舍。有取有舍,故间隔而分别;无是无非,故闲暇而宽裕也。"人与人之间是有智慧宽狭之别的,真正的智慧,是率性虚淡、无是无非的,所以"闲暇而宽裕",表现出一副逍遥状;反之,狭小的智慧,则是在对事物的认知中有取舍、分别、是非的心态的,这样的认识并不合乎事物的本真存在,也不能认识"非真非伪,非非非是"的"玄道"。对于这种不识自然之理,不能认知玄道的分别之心,成玄英称为驰骋心神、随逐物境的"妄心"。

成玄英认为,现实生活中,驰骋心神、随逐物境、分别是非的"妄心"是常人的普遍心态。"天下莫不自以为是,以彼为非,彼亦与汝为非,自以为是。故各用己是是彼非,各用己非非彼是。"在成玄英看来,世人沉溺"妄心"已久,形成了"成心",所谓的"成心",成玄英说:"夫域情滞着,执一家之偏见者,谓之成心。""成心"和"妄心"本质上是同一的,都是分别是非之心。

成玄英认为,"妄心"是人在现实中不能自由逍遥的根源。妄心"役意是非""运心逐境""情在胜物",以是非偏见追逐外在的事物为基本特征,但世间的事物没有穷尽,所以心灵永远得不到歇息,生命受到戕害。"凡鄙之人,心灵驰躁,耽滞前境,无得暂停",在虚妄之心的支配下,人"心与日斗","其梦寐也,魂神妄缘而交接;其觉悟也,则形质开朗而取染也"。"心恒忧度,虑其不遂,恐惧交怀",终日疲惫不堪,处于惶惶之中。虚妄之心驰日已久,对人的生命存在有很大的伤害,"群品云云,锐情逐境。境既有逆有顺,心便执是执非。行有终年,速如驰骤;唯知贪境,曾无止息。格量物理,深可悲伤","滞溺于境,其来已久,所为之事,背道乖真。欲使复命还源,无由可致"。

成玄英还认为,"妄心"遮蔽了人们对真理的认识。以虚妄之心观照世间万法,皆是虚妄不真,不能见得真道。成玄英追问真理遮蔽、妄心盛行的原因,他说:"虚通至道,非真非伪,于何逃匿而真伪生焉?至教至言,非非非是,于何隐蔽,有是有非者哉?"他认为是非妄心的产生,至道至教的遮蔽,是儒墨之言盛行的结果。基于此,成玄英对儒家和墨家的思想学说予以批判,他说:"夫诠理大言,犹猛火炎燎原野,清荡无遗。儒墨小言,滞于竞辩,徒有词费,无益教方。"在成玄英看来,儒墨之言,各执一端,是非无定,与鸟音无别,并不足以彰显真道。而"凡情迷执，有得丧以撄心；道智观之，无损益于其真性者也"，分别"妄心"不但遮蔽真君妙道的显现，而且对人的生命有巨大的伤害，而"道智"——道的智慧则对人的本真之性没有损失增益，也就是原本地凸显了人的本性，所以在认识上，应该摒弃"妄心"，归依"道智"。

成玄英认为，要破除"妄心"，首先要认识到"妄心"的虚假性。他说，"是非彼我，出自妄情"，"是非彼我，生自妄心"，妄心是以"彼此"对立为认识起点，以"是非"为事实判断，以"可不可"为价值判断的认知方式。所以要彰显真道，可以以彼此是非的"反复发明"来破除之。他说："世皆以他为非，用己为是。今欲翻非作是，翻是作非者，无过还用彼我，反复相明。反复相明，则所非者非非则无非，所是者非是则无是。无是则无非，故知是非皆虚妄耳。"通过反复发明，可以看出"彼此是非，相因而有，推求分析，即体皆空"。彼此、是非、可与不可都处于待夺不定的状态，所以"妄心"是虚妄的认知方式，不是正见。其次，成玄英进一步从其万物独化，彼此之间也不相依待的观点出发，论证彼此的妄心都是虚假的。他说："夫是非彼我，相待而成，以理推寻，待亦非实。故变化声说，有此待名；名既不真，待便虚待。待即非待，故知不相待者也。"各种是非分别见解是彼此对待的，但万事万物都是独立的存在，知也不能例外，所以彼此对待的知是虚假的。

基于对"妄心"虚假性的认识，成玄英提出了破除"妄心"的方法。其一，对待分别之心，应以"天倪和之"。所谓"天倪"，就是自然，"和之以天倪"，就是"和以自然之分"。成玄英认为，"自然"是事物的本性，所以认识和评价事物就不能着眼于事物之间的差别去比较，而是看它是否充分发挥了自我的本性而没有逾越。成玄英说："夫物之生也，形气不同，有小有大，有夭有寿。若以性分言之，无不自足。是故以性足为大，天下莫大于豪末；无余为小，天下莫小于大山。大山为小，则天下无大；豪末为大，则天下无小。小大既尔，夭寿亦然。是以两仪虽大，各足之性乃均；万物虽多，自得之义唯一。前明不终不始，非有非无；此明非小非大，无夭无寿耳。"成玄英认为，自然存在之物都是依据其本性而存在的，"若以性分言之，无不自足"，彼此并没有大小、高下的差别，自然也不存在可与不可的价值判断。"和以自然之分，所以无是无非；任其无极之化，故能不滞不着。"这样就泯灭是非，齐一万物，"故能通畅妙理，洞照无穷""既而处顺安时，尽天年之性命也"。其次，成玄英从"妄心"以是非偏见追逐外在的事物为基本特征出发，主张彻底破除心灵对事物的感知，提倡"不知"。成玄英认为，"物情颠倒，执见不同，悉皆自是非他"，为泯灭是非，成玄英主张"无所用其知"。他说："彼此各有是非，遂成无主。我若用知知彼，我知还是是非，故我于何知之！言无所用其知也。"在成玄英看来，事物之间都是独立的存在，所以彼此不能相通，这就是"不知"。而他所谓的"不知"，并不是彻底否定心灵的知觉性，而是否认分别之心对事物、自我和利害的认知和价值判断。他说："所谓不知者，彼此不相通耳，非谓不知也。"成玄英主张："岂独不知我，亦乃不知物。唯物与我，内外都忘，故无所措其知也。"对于物和我，因为彼此的隔绝而不能相通，所以只有"内外都忘，故无所措其知"。

分别是非、计较差别是虚妄的认识方式，所以要从根本上破除虚妄的心态。那么，到底怎样才能为通达于逍遥的至高境界提供正确的认知方式呢？成玄英认为，分别之心虽然放到对"人为"和"自然"的认知上有其价值，但这也是"知"的最高极限,虽然盛美,却仍有患累,"不若忘知而任独也"。"忘知任独"显然是更高境界的智慧,是站在"道"的立场上观照世间万事万物的智慧,这就是"凝神独见"的"道智"。

首先,成玄英肯定了"天""人"之知,也就是知性在"自然"和"人为"分际认知中的作用。成玄英认为,"天之所为者",为"云行雨施,川源岳渎,非关人力,此乃天生,能知所知,并自然也",能知乎此,可谓"知天之所为者"也。而"知人之所为者",为"四肢百体各有御用也","谓目能知色,不能知声,即以声为所不知也。既而目为手足而视,脚为耳鼻而行,虽复无心相为,而济彼之功成矣。故眼耳鼻舌,四肢百体,更相役用,各有司存。心之明暗,亦有限极,用其分内,终不强知"。能够知天知人,可谓"知"的最高境界,基于此而不逾越其本性作为,就是"以其知之所知以养其知之所不知",能够"尽其天年,不横夭折","可谓知之盛美者也",即达到了"知"的盛美极限。但是,盛美之"知",并非是人生之至高至善境界。其根本原因,在于"知"虽盛美,仍有其极限。成玄英说:"夫知必对境,非境不当。境既生灭不定,知亦待夺无常。"知待夺无常,天人之分,亦难以贞定,所以成玄英主张:"知虽盛美,犹有患累,不若忘知而任独也。"

"忘知任独"显然是更高的智慧境界。其基本内涵包括两个方面。一在于能"忘知",就是对心灵知物意向的泯灭,成玄英在《大宗师疏》中说:"唯当境知两忘,能所双绝者,方能无可无不可,然后无患也已。"二在于能"任独",就是随任自然的本性,成玄英在《大宗师疏》中说:"近取诸身,远托诸物,知能运用,无非自然。是知天之与人,理归无二。故谓天则人,谓人则天。凡庸之流,讵晓斯旨!此则泯合人天,混同物我者也。"成玄英认为,如果能"忘知任独",则可以达到

"凝神独见"的智慧境界,"体夫彼此俱空,是非两幻,凝神独见而无对于天下者,可谓会其玄极,得道枢要也"。"凝神独见"是"会其玄极,得道枢要",这样的智慧就是最高的智慧——"道智"。

成玄英认为,"道智"就是没有是非分别之心,而以"自然"观照万物。成玄英说:"圣人达悟,不由是得非,直置虚凝,照以自然之智。只因此是非而得无非无是,终不夺有而别证无。""道智"不是"逐物之知",也不是"夺有而别证无"的知见,而是"无是无非"的"环中之道"。成玄英说,"夫绝待独化,道之本始,为学之要,故谓之枢。环者,假有二窍;中者,真空一道。环中空矣,以明无是无非","唯彼我两忘,是非双遣,而得环中之道者,故能大顺苍生,乘之游也"。以"道"的智慧观照世间万物,所见尽是虚幻,"世所有法,悉皆非有,唯物与我,内外咸空",而是非、成毁、可不可等种种差别也尽是虚妄之见,"违顺既空,故知可不可皆妄也","有无名数,当体皆寂",从而"道通为一",万物均齐。他说:"夫纵横美恶,物见所以万殊;恢恑奇异,世情用为颠倒。故有是非可不可,迷执其分。今以玄道观之,本来无二,是以妍丑之状万殊,自得之情唯一,故曰道通为一也。"

成玄英认为,这样的智慧是达道之士才有的智慧,"唯当达道之人,凝神玄鉴,故能去彼二偏,通而为一","夫达道之士,无作无心,故能因是非而无是非,循彼我而无彼我"。而圣人则完全拥有这样的智慧,成玄英说:"淳古圣人,运智虚妙,虽复和光混俗,而智则无知,动不乖寂,常真妙本。"圣人的智慧是不同于对"物"的"知"的,它"息智乎均平之乡,休心乎自然之境",以无知无心为智慧,"常真妙本",与道为一,"至人无心,有感斯应","能晦迹同凡,韬光接物,终不眩耀群品,乱惑苍生","能随变任化,与世相宜",所以能"忘物忘我,既而囊括万有,冥一死生",齐一生死,混同万物,无变于利害,有成物之功而无自得名。成玄英说:"夫圣人者,诚能冥真合道,忘我遗物。怀兹圣德,然后有此真知,是以混一真人而无患累。"所以在智慧的最高境界上,圣人也就是"真人",是拥有真正智慧的人。从此可以看出,成玄英智慧上的最高人格和逍遥境界的最高人格具有一致性。

最后,成玄英还通过对得道圣人境界和宇宙万物存在的论述,提出"自然"是智慧的终极依据的观点。在《齐物论疏》中,成玄英认为,南郭子綦的"坐忘"体现的就是圣人体道的玄妙状态,他说:"其人怀道抱德,虚心忘淡,故庄子羡其清高而托为论首。"又说:"子綦凭几坐忘,凝神遐想,仰天而叹,妙悟自然,离形去智,答焉坠体,身心俱遣,物我兼忘,故若丧其匹耦也。"可见,成玄英认为南郭子綦体道的状态是"怀道抱德"的"虚心忘淡",离形去智,身心俱遣,物我兼忘的"坐忘"。"忘"是这种精神状态的基本特征。所忘者,是物和我,特别是对于主体"我",不仅遣去心对形体的执着,而且在于遣去内在的心智。所谓的"境智两忘,物我双绝""心如死灰"描述的就是达道者的内在心境。但是对于尚未见的体道玄妙的颜成子游来说,"坐忘"境界并不容易理解,成玄英说:"子游昔见坐忘,未尽玄妙;今逢隐机,实异曩时。怪其寂泊无情,故发惊疑之旨。"南郭子綦所说"天籁"一段,是针对弟子的疑问作出的解答。成玄英认为,本段展示了万物存在的"独化"状态和"自然"本体,这是"坐忘"境界的本体依据。

成玄英认为,"世间万物,种类不同,或丑或妍",世界上的事物都是有差别的存在者,但就事物之间来讲,他们之间并没有相互依赖的关系,他们的存在都是"独化"的存在。成玄英认为,"魍魉问影"所标明的就是这个道理,他说:"庄子寓言以畅玄理,故寄景与罔两,明于独化之义。"即作为存在者的魍魉、景形之间并不相待,而是各自独化。成玄英反问:"若使影待于形,形待造物,请问造物复何待乎?斯则待待无穷,卒乎无待也。"所以万物的生化存在,都是"不知所以,莫辨其然,独化而生,盖无待也"。成玄英接受郭象的观点,认为不仅万事万物的存在都是"块然而生"的"独化",而且万事万物也没有一个共同的实体作为本体依据,他说:

> 夫天者,万物之总名,自然之别称,岂苍苍之谓哉!故夫天籁者,岂别有一物邪?即比竹众窍接乎有生之类是尔。寻夫生生者谁乎,盖无物也。故外不待乎物,内不资乎我,块然而生,独化者也。是以郭注云,自己而然,则谓之天然。故以天然言之者,所以明其自然也。而言吹万不同。且风唯一体,窍则万殊,虽复大小不同,而各称所受,咸率自知,岂赖他哉!此天籁也。故知春生夏长,目视耳听,近取诸身,远托诸物,皆不知其所以,悉莫辨其所然。使其自己,当分各足,率性而动,不由心智,所谓亭之毒之,此天籁之大意者也。

成玄英认为,"天者,万物之总名,自然之别称","天"是万事万物的统称,万事万物的产生存在,都是"外不待乎物,内不资乎我,块然而生,独化者也",因没有实体性的东西作为其产生存在的本体依据,所以"天"也没有本体的意义。但成玄英并没有像郭象那样彻底否定本体的存在,他说,"世间万物,种类不同,或丑或妍,盖禀之造化"。在万物的生化存在中,体现的是"自然"之理,因此,"自然"之理是万物存在的本体依据。他说，"夫箫管参差，所受各足，况之风物，咸禀自然"，"自然之理通生万物，不知所以然而然"。"自然"之理通生万物，是"造物"者，是万物存在的本体性真理，它以"大块"为称号，风吹树动，前后相随之声有大小不同，然而各称所受，曾无胜劣，正表现了万物禀气自然的本性。万物在自然之理的主宰下生化不息，种类万千，皆不知所以然而然；自然之理通生万物，也并非措意于其间，而是无心而为。成玄英说："大风止则众窍虚，及其动则众窍实。虚实虽异，各得则同耳。况四序盈虚，二仪生杀，既无心于亭毒，岂有意于虔刘！"就万物方面来说，本体体现为"自然"；就本体方面来说，则表现为"无为"，"自然"和"无为"是同一的"道"。所以，就"道"的方面来说，万物虽有形体、动态的差别，却无是非之别："言物形既异，动亦不同，虽有调刀之殊，而终无是非之异。况盈虚聚散，生死穷通，物理自然，不得不尔，岂有是非臧否于其间哉！"

成玄英认为，"自然"之理并不是与人、与万事万物相互隔绝的存在，万事万物就是"自然"之理的禀受者和体现者，二者不可分离。他说，"我禀受自然，其理已具"，"若非自然，谁能生我？若无有我，谁禀自然乎？然我则自然，自然则我，其理非远，故曰是亦近矣"。自然之理既与人非远，人们的现实困境在于"妄心"遮蔽了人们对"自然"之理和自我"自然"本性的体认，所以凡人当以"自然"为我心之本体，体其无心而为，无劳措意，直置任之，这就是真君妙道。他说："直置忘怀，无劳措意，此即真君妙道，存乎其中矣。"对于人来说，"率性而动"就是体现自然之理。成玄英说："人禀分不同，种种差异，率性而动，莫不均齐。"人与人的存在虽然因为禀气不同而有差别，但只要能率性而动，就同样能达到逍遥的境界。

这样，成玄英通过对"天籁"的疏解，重新解释了郭象的"独化"说，肯定了具体存在者之间的彼此相互不依赖的存在关系，也不承认存在者有实体性的本体，这可以说是继承了郭象的观点；但成玄英又纠正了郭象彻底否认本体存在的看法，他认为万物的存在都体现着"自然"之理，"自然"之理也就成为万物无所逃的本体，也是人在认知和价值上的依据，人与"自然"之理的相合，具体体现在内在的"无心而为"和外在的"率性而动"。

成玄英的"独化"论与郭象的"独化"论不同。郭象的独化论并不否认万物之间的相互关系，而在于彻底地否定万物有一个共同的本体存在，并凸显出万物之间各自性分的不同，从而认为万物各有各的本体依据，顺之则得逍遥。成玄英接受郭象的这一观点，也不否认万物之间的相互关系，比如他说大鹏和它外在的环境之间的关系，认为大鹏的行动必须是顺应外在环境的变化就说明了这一点。但是在成玄英看来，每一事物之间的关系，并不是本体上的依赖关系。通过对万物不能互为本体的肯定，否认了实体性本体存在的可能，这是郭象和成玄英"独化"论的共同点。但成玄英进一步肯定了万物独化存在中的"自然"之理，并在《秋水疏》中说"道者，虚通之妙理也"。他以"理"释道，将之作为万物的本体，也就是人在价值上的本体、智慧上的终极依据。这是成玄英"独化论"的特色。

"道智"观照下的生命存在

在《齐物论》中，成玄英发掘了通达于理想境界的认知方式，为其理想境界的实现提供了基础，但《齐物论》只是揭示了心灵由"妄心"向"道智"的智慧转化，没有完整地体现出智慧所应观照的基本问题,成玄英认为,内圣的人格不仅在认识方式上要实现智慧的转化,而且要在"齐物"的智慧观照下养护生命,所以在《庄子疏序》中,成玄英继《齐物论》之后说:"既指马天地,混同庶物,心灵凝澹,可以摄卫养生,故以养生主次之。""指马天地,混同庶物",是在"齐物"的维度指向所达到的智慧境界,这种境界所具有的内在状态是"心灵凝澹",如是则有"摄卫养生"的功用。在对《养生主》篇的疏解中,成玄英以生命问题为中心,分不同的层次展示了人们对待生命的态度和方法,并最终指向生命的最高理想。

对待生命问题,成玄英是从个体存在的有限性出发的,他说:"涯,分也。夫生也受形之载,禀之自然,愚智修短,各有涯分""然黔首之类,莫不称吾,则凡称吾者,皆有极者也"。成玄英认为凡是有生命的存在者,都是有限的存在者,这种有限性出于自然本性。这种生命存在的有限性,构成了成玄英养生哲学的基本前提。

成玄英认为生命的基本问题,是人存在的有限性和知性的无限性之间的内在冲突。在《齐物论疏》中,成玄英认为,是非分别的妄心,不仅不能认识真理,而且对人的心灵和生命都有着严重的伤害。因此他主张去除妄心,养护生命。他说,"所禀形性,各有限极,而分别之智,徇物无涯。遂使心困形劳,未慊其愿,不能止分,非养生之主也"。"夫生也有限,知也无涯,是以用有限之生逐无涯之知,故形劳神弊(疲)而危殆者也"。他以"分别之知"解释《庄子》的"知",认为"分别之知"的基本特征是"徇物无涯",即总是用对立隔绝的眼光审视周围世界的事物,世界万物形形色色,没有极限,这样的认识也没有休止。"分别之知""徇物无涯",造成"心困神劳,未慊其愿"的后果,使得人生不得安逸,生命困苦不堪。如何解决这种生命危机，是成玄英养生哲学的核心问题。

成玄英认为，由于智慧境界的不同，所以人的逍遥境界也有不同的层次，而生命的负累，正是逍遥生命危机的反照。所以因为智慧境界上的差别，在如何对待生命这一问题上，正如"良庖岁更刀，割也"，"族庖月更刀，折也"，而庖丁解牛十九年，"刀刃若新发于硎"的差别一样，也表现为不同层次的境界。成玄英说，"凡鄙之夫，心灵暗塞，触境皆碍，必损智伤神"，"损智伤神"是最低的生命境界。其次，"小学之人，未体真道，证空舍有，易夺之心者矣"，"证空舍有"是较高的生命境界。再次，"善养生人，智穷空有，和光处世，妙尽阴阳。虽复千变万化，而自新其德，参涉万境，而常湛凝然矣"，"常湛凝然"是更高的生命境界。养生的最高境界是依赖于最高的智慧境界的，具有最高智慧的圣人，"运至忘之妙智，游虚空之物境，是以安排造适，闲暇有余，境智相冥，不一不异"，"运用神智，明照精微，涉于尘境，曾无罣碍，境智冥合，能所泯然"，所以能达到"忘适忘善"而"至适至善"的最高生命境界。

成玄英不仅认为不同人的生命境界有所不同，同时认为生命境界的提升依赖于智慧境界的不断提升，对于同一主体来说，学习养生之道，也就像学习宰牛一样，是一个渐进的过程。成玄英疏解"始臣之解牛之时，所见无非全牛者"一句说，"始学屠宰，未见间理，所睹惟牛。亦犹初学养生，未照真境，是以触途皆碍"，这是养生的最低境界。其次，"操刀既久，顿见理间，所以才睹有牛，已知空却。亦犹服道日久，智照渐明，所见尘境，无非虚幻"，这是养生境界的进一步提升。最后，就像庖丁解牛一样，"以神遇而不以目视，官知止而神欲行"，达到"合阴阳之妙数，率精神以会理""妙契至极，推心灵以虚照"的最高境界。在成玄英看来，养生实际上就是对

"道"的体验过程，在体道的过程中，"智照渐明"，终而与道为一，妙契至极。如是则"五官悉皆停废，从心所欲，顺理而行"，能"养生运智，妙体真空"，此种境界中人，"细惑尚不染心，粗尘岂能累德"，能"依自然之涯分，必不贪生以夭折"，就是在"生死穷通之际"，也能"用心观照，令其解脱"。可见，"道"构成了养生中的本体依据，能否善养生命，关键在于对"道"的体验觉悟。

针对有限生命与无限知性的矛盾困惑，成玄英倾向于对生命的呵护，他基于不以"知"伤生，以"智"养生的思想进路，提出了三种层次不同的养生哲学。

其一，"守分""安命"的生命哲学。 成玄英针对一般的人驰骋心知、劳心伤神的生命状态，坚决地反对世俗以"有为之学"解救生命危机的主张，成玄英说，"无涯之知，已用于前；有为之学，救之于后；欲不危殆，其可得乎！""夫有为俗学，抑乃多徒，要切而言，莫先善恶。故为善也无不近乎名誉，为恶也无不邻乎刑戮。是知俗智俗学，未足以救前知，适有疲役心灵，更增危殆"。人的知性循物无涯，对有限的生命造成了伤害，而后用"有为俗学"去解救，但"有为俗学"有善恶之别，会给人带来更加严重的伤害，更加加重了生命的危机。

基于生命存在的有限性和差别性，他提出了"知止守分，不荡于外"的养生主张。他说："夫禀受形性，各有涯量，不可改愚以为智，安得易丑以为妍！是故形性一成，终不中途亡失，适可守其分内，待尽天年矣。"人是有限的存在者，他的性分是既定的，所以"知止守分，不荡于外者，养生之妙也"。成玄英还认为，"夫智之明暗，形之亏全，并禀自天然，非关人事"，人的智愚修长种种禀赋，出于自然，与人事无关。他把不由人力而出于自然的禀赋，称为"命"，"假使犯于王宪，致此形残，亦是天生顽愚，谋身不足，直知由人以亏其形，不知由天以暗其智，是知有与独，无非命也"，并进而主张"穷通否泰，愚智亏全，定乎冥兆，非由巧拙"。他认为"达斯理趣者，方可全生"，安于此"命"，方可全生。

其二，"中一之道"的生命哲学。 成玄英赞同《庄子》中"为善无近名，为恶无近刑，缘督以为经"的养护生命原则，认为这就是他所谓的"中一之道"。他解释说："缘，顺也，督，中也，经，常也。夫善恶两忘，刑名双遣，故能顺一中之道，处真常之德，虚夷任物，与世推迁。养生之妙，在乎兹矣。"成玄英认为："夫惟妙舍二偏而处于中一者，故能保守身形，全其生道。外可以孝养父母，大顺人伦，内可以摄卫生灵，尽其天命。"顺中一之道以养护生命，可以全生养身，养亲尽年，内外兼得，两所不失。成玄英还说："体道之人，虽复达彼虚幻，至于境智交涉，必须戒慎艰难，不得轻染根尘，动伤于寂者也。"处于这种养生境界的人，仍然"戒慎艰难"，"光而不耀"，保全身心，风韵清远，志气盈满，跨踱自得。

其三，"齐一生死"的生命哲学。 成玄英认为，"守分安命"和"中一之道"，都是基于对生命的呵护关照下的生命哲学，是对世俗之人和修道者提出的养生哲学，但真正的生命哲学，是对生死问题的彻底超越，这就是最高境界的生命哲学，是圣人的生命哲学。

成玄英认为，圣人的智慧是这种生命态度的基础，以圣智观照生死不过是物理的变化，成玄英"庄生化蝶"的故事表明了这一点。他说："夫生灭交谢，寒暑递迁，盖天地之常，万物之理也。而庄生晖明镜以照烛，泛上善以遨游，故能托梦觉于死生，寄自他于物化。是以梦为胡蝶，栩栩而适其心；觉乃庄周，蘧蘧而畅其志者也。"认为生死如梦觉一般，不能相通，但皆是物理变化，不须妄起忧悲，乐生恶死。他说："夫新新变化，物物迁流，譬彼穷指，方兹交臂。是以周蝶觉梦，俄顷之间，后不知前，此不知彼。而何为当生虑死，妄起忧悲！故知生死往来，物理之变化也。"成玄英认为，明白了生死不过是物理变化，就能从乐生忧死的"性命之情"中解脱出来，坦然地面对生死变化。在对"秦失吊老聃"一节的疏解中，成玄英认为老子是大圣人，是无生无死的；而庄子借言老君之死的目的在于"欲明死生之理泯一，凡圣之道均齐"。成玄英说："帝者，天也。为生死所系者为县，则无死无生者县解也。夫死生不能系，忧乐不能入者，而远古圣人谓是天然之解脱也。"老子之死，是圣人的生命境界，是所谓的"帝之县解"，老子达到了"动寂相即，内外冥符"的境界，所谓"老君大圣，妙达本源，故适尔生来，皆应时而降诞；萧然死去，亦顺理而返真耳"。所以秦失以"三号而出"的方式吊唁老子，是彻悟生死的吊唁方式，而凡俗众人的痛哭，则是违反人之天然本性的吊法，他说："逃遁天然之性，加添流俗之情，妄见死之可哀，故忘失所受之分也。"所以生死的流变，无有断绝，对待生死，应须达观，无以忧乐错怀。"善养生者，随变任化，与物俱迁，故吾新吾，曾无系恋，未始非我，故续而不绝者也。""安于生时，则不厌于生；处于死顺，则不恶于死。千变万化，未始非吾，所适斯适，故忧乐无错其怀矣。"这才是生命的最高境界。

养生原则的人间落实

在《养生主》篇，成玄英以重玄思辨的方法，分别了生命境界的不同层次，并以"生死齐一"为生命的最高境界。但由于人是不能脱离现实的具体存在者，任何形上的理想境界和养生原则都必须落实于现实社会,并现实化为具体的处世方法。在《庄子疏序》中,成玄英在概括《养生主》大义之后,继之说:"既善恶两忘,境智俱妙,随变任化,可以处涉人间,故以《人间世》次之。"面向生命存在的智慧一旦达到"善恶两忘,境智俱妙,随变任化"的高度,就能在纷繁的社会中保全自身,所以《人间世》篇继之以《养生主》篇,其主旨就在于将养生的原则落实于不同的社会处境之中。

成玄英认为,人是不能脱离现实社会的具体存在者,但是人处于社会之中却不能沉沦于世俗,而应该追求更高的精神世界,追求个人充分自由的实现,同时也应当有一定的社会理想,追求"逍遥命物""接物利他"。他认为,只有两者的合二为一,才是真正的"圣人"。但是,"人间事绪,纠纷实难,接物利他,理在不易",这种人格理想一旦落实于现实,就会产生内在的对立冲突,一方面,人是社会中的存在者,在现实社会中,他不可能完全放弃社会的责任和无视具体的境遇,而只追求个人的精神解脱;另一方面,纷杂的社会总会给人带来一些不能摆脱的、危及人生命的、困扰人心灵的问题。在本篇中,《庄子》通过"颜回欲之卫而问孔子""颜阖将傅卫灵公太子而问蘧伯玉""叶公子高将使于齐而问仲尼"所展示的,就是人生在世的种种困境。

成玄英认为,"夫德之所以流荡丧真,为矜名故也;智之所以横出逾分者,争善故也","夫矜名则更相毁损,显智则争竞路兴。故二者并凶祸之器,不可尽行于世"。因为"矜名""争善",德流荡丧真,智横出逾分,人间更相毁损,争竞路兴,此处世之难者。所以《庄子》设定"颜回欲之卫而问孔子"的目的,就在于"寄颜孔以显化导之方"。其主要问题在于人如何在纷繁复杂的社会环境中,达到价值关怀和生命保全的双重实现。成玄英认为，"治邦宁谧，不假匡扶；乱国孤危，应须规谏"，即人出于乱世之中，是必须有一定的社会担当意识的。但对于以"接物利他"为处世目的的贤者来说，自然要"道德纯厚，信行确实"，但如果不了解人间事绪的纷繁艰难，没有处世妙方去除"名""智"这两种凶器，而欲请行化导，则不仅无益于世事，而且有害于己身。因此，如何去除"名""智"之患，从而保全自身，同时拯救他人，成为成玄英处世哲学中的核心问题。

"颜阖将傅卫灵公太子而问蘧伯玉"言与"禀性凶顽，不履仁义"之人相处的两难处境，所谓"与之方法，而轨制憎己，所以危身；纵之无度，而荒淫颠蹶，所以亡国"。而"叶公子高将使于齐而问仲尼"所设定的处世难题在于：为人臣使者处两国之间，情事不轻，委寄甚重，"夫情事未决，成败不知，而忧喜存怀，是阴阳之患也。事若乖舛，必不成遂，则有人臣之道，刑网斯及。有此二患，何处逃愆？"他的中心问题，就是如何消解处于人世间的这种两难处境，从而达到"安得丧于灵府，任成败于前涂，不以忧喜累心"的理想境界。

面对社会中的种种两难处境，成玄英并没有采取理想主义的"避世"的人生态度以追求自我生命的圆满（这实际上也是不可能的），而是采取了积极的态度，努力寻求在现实的立场上解脱生命危机的处世方法。首先，成玄英认为，社会境域是不断变化的，人不能脱离他的当下境遇而回到过去或者进入将来，而只能"趣合时宜"，立足当下。他说："当来之世，有怀道之君可应聘者，时命如驰，故不可待。适往之时，尧舜之主，变化已久，亦不可寻。趣合当时之宜，无劳瞻前顾后也。"处于圣明之世，就要有所作为，反之，处于乱世，就要全身远害，"有道之君，休明之世，圣人弘道施教，成就天下。时逢暗主,命属荒季,适可全身远害,韬光晦迹"。因此,他认为审时度势,明确自己的人生目标,这是处世的基本原则。

成玄英认为,"人间事绪,纠纷实难,接物利他,理在不易",处涉人间必须以纯粹如一的"灵通之道"为依据,即必须先确立保全自身之道,然后才能拯救他人。他说:"古昔至德之人,虚怀而游世间,必先安立己道,然后拯救他人,未有己身不存而能接物者也。"因此,保全自身是处世的根本。成玄英的处世哲学,就是以之为关注核心的思想展开。

那么如何使生命得到保全、心灵得到安宁呢?成玄英就处世心态方面提出如下主张。

其一,"止于分内"。明白自己在当下社会处境中可以做哪些事,不能做哪些事,他说:"夫视听知能,若有涯分。止于分内,可以全生;求其分外,必遭夭折。全生所以为福,夭折所以为祸。"所以处涉人间,要"晦迹韬光,宜放独任之无为,忘遣应物之明智,既而止于分内,无伤吾全生之行也"。

其二,"虚空其心,随顺物性"。成玄英认为,对于"禀性凶顽,不履仁义"之人,如果强行改变他,无异于螳臂当车;但如果一味顺从他,又有拊马盛溺之危。解决这种两难处境的方法是"防慎储君,勿轻犯触,身履正道,随顺机宜"。"防慎储君,勿轻犯触"就是要"身形从就,不乖君臣之礼";"身履正道,随顺机宜"就是要"心智和顺,迹混而事济之"。外在礼节对之委顺,但内心却不与之同流;内心对之接引教化,但要韬光晦迹,不显己能,无济彼之名。成玄英说:"夫处世接物,其道实难。不可遂与和同,亦无容顿生乖忤。或同婴儿之愚鄙,且复无知;或类田野之无畦,略无界畔;纵奢侈之贪求,任凶猛之杀戮。然后道之以德,齐之以礼。达斯趣者,方会无累之道也。"

其三,"直致率情,任于天命"。成玄英认为,生命的危机并不是人的种种努力就能够完全消除解脱的,因此,对于不能摆脱的现实困境,就需要从精神上予以超越。成玄英将人的社会责任解释为"命"和"义",劝解人们从内心接受之,从而放弃对自己身心的忧患思虑。对于"命",成玄英说:"夫孝子事亲,尽于爱敬。此之性命,出自天然,中心率由,故不可解。"对于"义",成玄英说:"夫君臣上下,理固必然。故忠臣事君,死成其节,此乃分义相投,非关天性。"所以对于君亲大戒,不容人有好恶之心于其间,而应当致命尽情、安心顺命,如实,则阴阳之患自然可解。他说:"夫臣子事于君父,必须致命尽情,有事即行,无容简择,忘身整务,固是其宜。苟不得止,应须任命也。"总之,解决人世间两难处境的原则在于"直致率情,任于天命","率己运命,推理而行",如果能"寄必然之事,养中和之心",则能"乘有物以遨游,运虚心以顺世",化解人间困境,逍遥而游。成玄英说:"夫为道之士而自安其心智者,体违顺之不殊,达得丧之为一,故能涉哀乐之前境,不轻易施,知穷达之必然,岂人情之能制!是以安心顺命,不乖天理。自非至人玄德,孰能如兹也!"这实际上是解除心灵对生命的关注,从而获得自由解脱。

其四,"以无用为用"。成玄英认为,"欲明处涉人间,必须以无用为用也"。他说:"通体不材,可谓全生之大才;众谓无用,乃是济物之妙用。"成玄英认为,秀美之木所以夭折、智慧之士所以困窘,就在于他们对社会来说是有用的,所以不能避免外界的负累和伤害;而不才之木之所以能在纷繁的社会中保全自己,就在于他们对社会来说是"无用"的,支离其形之人犹如支离无用之散木,"足以养身终年,免乎人间之害"。所以成玄英主张无用于世。但人是社会中的存在,不可能在无用的避世姿态中达到生命和心灵的完整保全,所以成玄英"无用"主张更深一层的含义是晦迹韬光,无见用于世。这就是"支离其德"。成玄英说:

> 夫支离其形,犹忘形也;支离其德,犹忘德也。而况支离残病,适是忘形,既非圣人,故未能忘德。夫忘德者,智周万物而反智于愚,明并三光而归明于昧,故能成功不居,为而不恃,推功名于群才,与物冥而无迹,斯忘德者也。夫忘形者犹足以养身终年,免乎人间之害,何况忘德者邪!其胜劣浅深,故不可同年而语矣。是知支离其德者,其唯圣人乎!

成玄英认为,"支离其德"就是解除"矜名""争善"之心,从而"善恶两忘,名实双遣"。他说:"夫唯善恶两忘、名实双遣者,故能至德不荡、至智不出者也。""反智于愚""推功于物"就是无功无名的圣人境界。他说:"至人神矣,阴阳所以不测;混迹人间,和光所以不耀。故能深根固蒂,长生久视,舟船庶物,荫覆黔黎。"世人皆炫己才能为有用之用,而不知支离其德为无用之用,所以不能全生,而圣人知侔造化,知不材无用,故得全生,也有荫覆黔黎的实际功效。

纵观成玄英的处世哲学,可以看到生命问题是成玄英关注的焦点,他追求的是生命的完满和心灵的自适,成玄英注重寻求达到两者共同圆满的现实方法,但在生命的完满不能确定的情况下,成玄英主张超越之,从而追求精神上的安逸舒适。在成玄英的处世哲学中,同样贯穿着重玄思想。

在对《山木》篇的疏解中,成玄英说:"材者有为也,不材者无为也。之间,中道也。虽复离彼二偏,处兹中一,既未遣中,亦犹人不能理于人,雁不能同于雁,故似道而非真道,犹有斯患累也。"有用、无用的二偏,介乎有用和无用之间的中道，从根本上都不能解决社会困境对生命的困扰，要彻底地解决人生的困境，就要追求"乘玄道至德而浮游于世者"的理想境界。成玄英认为，乘玄道至德而浮游于世，"既遣二偏，又忘中一，则能虚通而浮游于代尔"。这样的境界，"以大和而等量，游造物之祖宗""物不相物，则无忧患"，就是圣人的处世境界。

成玄英认为，"人间涉物，必须率性任真"，要在纷繁复杂的社会中保全自身，接物利他，必须以自身的境界提升为前提，而颜回提出"端而虚，勉而一"和"内直外曲，成而上比"的两种方法，最多只能保全自身，而不能达到化导的目的，其根本原因在于，颜回仍是"师其有心"。所以要达到圣人"应时无心"的境界，就要去除成心，提升自己的心灵境界。这种境界的内在要求是："虚心以应务，忘智以养真，寄当于群才，归功于万物。"

成玄英认为，要达到处世的最高境界，就要以"心斋"改变自己的"有为之心"。而所谓的"心斋"并不是一般的祭祀之斋，而是一种内心的澄静之术。其基本的要求是"虚心"，"虚心者，心斋妙道也"，不能以有为之心而作。成玄英说："必有其心为作，便乖心斋之妙。故有心而索玄道，诚未易者也。"心斋的方法是"无听之以耳而听之以心；无听之以心而听之以气"，即首先通过对感官的封闭，让心灵去感知外物，"耳根虚寂，不凝宫商，反听无声，凝神心符"，其次，再断绝心灵的知觉活动，顺从事物的变化而变化，"心有知觉，犹起攀缘；气无情虑，虚柔任物。故去彼知觉，取此虚柔"，如此遣之又遣，渐阶玄妙，使"封滞之心""隳体以忘身""物我洞忘"，从而到达"志一汝心，无复异端，凝寂虚忘，冥符独化"的心灵境界。当此境界能"根窍内通""精神安静"，能

"虚其心室,乃照真源","亦能致吉祥之善应",可以"造化万物,孕育苍生"。成玄英认为,入此境界而后处涉人间,内心"如水如镜,应感虚怀,己不预作","处心至一之道,不得止而应之,机感冥会,非预谋也",能"不可以名智感物","若已道狎卫侯,则可鸣声匡救;如其谏不入耳,则宜缄口忘言",从而保全自身,接物利他。

对智慧境界的追求不仅是成玄英境界观中的应有之义,而且也是自由境界提升的基本前提,在成玄英的思想中,人生的现实困境主要在于生命和心灵的危机,而"妄心"正是人生负累的内在根源。所以要解除人生负累而追求逍遥的境界,首先在于对"妄心"的破除和"道智"的凸显。"道智"为人们提供了一种观照现实和解脱生命危急的观照智慧;用这样的智慧观照生命存在,就能够不断地遣除生命的危机和心灵的困惑,最后达到对生命问题的彻底超越,这样的生命境界也就是人生在智慧和道德上的圆满,是所谓的"内圣"。而"心斋"是达到这样智慧和生命境界的修养基础。

五、以道德为标志的理想人格

成玄英以道的智慧观照生命存在,并将养生的原则落实于具体的社会境遇之中,通过对生命的超越和精神世界的观照,使生命的困惑得到彻底的解脱,达到内在道德的充实圆满。内德圆满的人,就是圣人,他不仅能会最万物,而且能"匠成庶品",创生万物;而且能"驾驭群品",主宰宇宙。所以他堪称宇宙万物的宗师,应为人间世界的帝王。这个基本的思想,体现在成玄英对《德充符》《大宗师》《应帝王》三篇思想主题和相互关系的诠释理解中。

道德的本体依据

《庄子》云："夫道有情有信，无为无形；可传而不可受，可得而不可见；自本自根，未有天地，自古以固存；神鬼神帝，生天生地；在太极之先而不为高，在六极之下而不为深，先天地生而不为久，长于上古而不为老。"此为《庄子》全书论道之经典段落，成玄英继承《庄子》以"道"为本体的观点，认为"道"虽然具有"恬淡寂寞""视之不见""离于形色""体非量数"的特性，但其"明鉴洞照""趣机若响""寄言诠理"，是能够通过言语传承的客观存在。成玄英还认为，无论从时间还是从空间的维度来衡量，道都是一个无限的存在，他说："虚通至道，无始无终""道无不在而所在皆无"，"道"既然是无限的存在，所以不能用衡量有限存在者的尺度来衡量道，"道在五气之上，不为高远；在六合之下，不为深邃；先天地生，不为长久；长于万古，不为耆艾"。道是"非高非深，非久非老""不长而长，老而不老""无老无巧，无是无非"的客观存在。

相对于有限的存在者"物"来说，"道"就具有在先性。成玄英说，"从古以来，未有天地，五气未兆，大道存焉"，"万象之前，先有此道"，从而"道"是宇宙万事万物的创造者，万物"虽复天覆地载，而以道为源，众形雕刻，咸资造化，同禀自然"。成玄英进而认为，"道"还是宇宙万物的主宰："大道能神于鬼灵，神于天帝，开明三景，生立二仪，至无之力，有兹功用。斯乃不神而神，不生而生，非神之而神，生之而生者也。"成玄英认为，"道"是宇宙中的造物主和主宰者，是圣人所以能成圣的基本依据。所以自古以来，凡能得道者，皆有延命养真、创造万物、主宰宇宙等神奇的功能。

修道的资质与途径

成玄英认为,"道"是宇宙中的造物主和主宰者,是圣人所以能成圣的基本依据。进而成玄英论述了修身成道的资质和途径。

其一,修身成道需要一定的先天才质。成玄英说:"虚心凝淡为道,智用明敏为才。言梁有外用之才而无内凝之道,女偶有虚淡之道而无明敏之才,各滞一边,未为通美。"修身成道,并非人人皆可,只有具备"智用明敏"的先天才质者,才有修身成道的基础。

其二,修身成道也需要后天的勤奋修习。成玄英说:"夫上士闻道,犹藉勤行,若不勤行,道无由致。是故虽蒙教诲,必须修学,慕近玄道,决成圣人。若其不然,告示甚易,为须修守,所以成难。是以非知之难,行之难也。"修身成道的关键并不在于"知",而在于"行",只有勤修苦练,才有可能成道。

其三,修道必须秉承师授。成玄英认为,"为师不易,传道极难"。传道的过程极为艰难,关键在于修心守道。修心守道的方法是通过"凝神静虑",遣除外物对心灵的干扰,按照庄子所说"外天下"—"外物"—"外生"—"朝彻"—"见独"—"无古今"—"无死无生"—"撄宁"的次第步步递进,逐步忘却天下万有和资身之物,进而"隳体离形,坐忘我丧""死生一观,物我兼忘",达到心灵"惠照豁然,如朝阳初启"的境地,进而能够体验到"道"的本真存在,进而"无古无今""无死无生",最后能"和光同尘,动而常寂,然后随物撄扰,善贷生成"。

其四,修身成道必须依乎次第,循序渐进。成玄英认为,修习至道,"凡有九重,前六约教,后三据理",约略如下。(1)"依文生解"。"先因文字得解故",即先根据文字学习道法。在成玄英看来，因为有了真理，所以才有教化，而文字是教化的工具和手段，故而是真理的附属，就像抓鱼离不开渔网一样，要认识真理也必须借助于语言文字。所以，首先必须借助文字了解其中的义理。由此可见成玄英对文献理解的重视。（2）"执持披读"。明白文字的义理之后，加以背诵并烂熟胸中。首先是对文献的解读，而如果对其中的义理有所了解之后，自然是言说谈论即用语言表述之。这进一步表明了文字教化是真理的从属；而言说表达则是文字教化的结果。由此可见成玄英对思想表达的重视。（3）"见理"。"读诵精熟，功劳积久，渐见至理，灵府分明。"基于对文献的解读和语言表述能力的锤炼，于是有了对真理的认知，而内心不再愚昧若昏，而是空灵洞明。从能读懂文献到能表述思想，再到内心认识的提高，正是认识不断深化的过程。（4）"心许"。"既诵之稍深，因教悟理，心生欢悦，私自许当，附耳窃私语也。既闻于道，未敢公行，亦是渐登胜妙玄情者也。"内心能够辨明真理与谬论，故能内心生起无限愉悦，有所称当赞许，即思想观点的认同。这虽然只是体现在认识阶段而没有在修行上有所体现，但也可谓是对真理体验的开始。（5）"勤行"。"私心自许，智照渐明，必须依教遵循，勤行勿怠。懈而不行，道无由致。"进一步，遵照真理教导而行诸于行，孜孜勉勉，未曾懈怠，这样的精进修行，是得道的必由之路。由此可见成玄英对践行的看重。（6）"彰德"。"既因教悟理，依解而行，遂使盛惠显彰，讴歌满路也。"因为能有所修行，故而自身修养形之于外，得到他人之赞誉。（7）"玄冥"。"既德行内融，芳声外显，故渐阶虚极，以至于玄冥故也。"虽然因为内在精神洋溢于外而得到别人的赞誉，但修行未尝止息，故境界进一步提升，达到深远幽寂的境界。（8）"三绝"。"一者绝有，二者绝无，三者非有非无,故谓之三绝也。夫玄冥之境,虽妙未极,故至乎三绝,方造重玄也。"深远幽寂的境界虽然不是最高的境界,但却能断绝滞于有、滞于无、滞于非有非无三种错误的认识,从而为达到最高的"重玄境界"奠定基础。(9)"体道"。"始,本也。夫道,超此四句,离彼百非,名言道断,心知处灭,虽复三绝,未穷其妙。而三绝之外,道之根本,而谓重玄之域、众妙之门,意亦难得而差言之矣。是以不本而本,本无所本,疑名为本,亦无的可本,故谓之疑始也"。在成玄英看来,最高的境界是断除了偏见执着、超越了认知言说的绝妙境界,这样的境界,就是以"道"作为根本的"重玄"妙境,就是一切玄妙的根源。从胜义谛而言,既然这样的境界是不可言说的,所以是超越了语言和认知所及范围内的根本的根本,但从世俗谛而观之,因为其不可认知和言说,所以好像不是什么根本。两相合一而言,故曰"是以不本而本,本无所本,疑名为本,亦无的可本"。这正是一语言中的大吊诡。

其五,修习至道,重在心斋坐忘,损有益空,遣之又遣。一者,"忘兼爱之仁,遣裁非之义";二者遣除礼乐之累;三者"毁废四肢百体,屏黜聪明心智"。如此"空解日新,时更复见",终而"虚心无着,故能端坐而忘",达到"同于大道"的境界。

道德的内在之美

道德充实的外在表现,在于即使形体残缺、外表丑陋,也为万物所喜而有所归依。他认为,万物归附于圣人,是其精神境界的特有魅力所至。

成玄英以《庄子·德充符》篇中的人物王骀和哀骀它为重点来说明之。成玄英认为,王骀"独异于物,使众归之"的原因并非其有意为之，而是万物自然所归。他说："夫止水所以留鉴者，为其澄清故也；王骀所以聚众者，为其凝寂故也。止水本无情于鉴物，物自照之，王骀岂有意于招携，而众自来归凑者也。"成玄英认为，"形貌以才德为原"，又说："才德者，精神也。"王骀、哀骀它能为物所归，是其"才智全具而推功于物"，即所谓"才全而德不形者也"。

成玄英认为，像王骀、哀骀它这样的人，他们的心灵与本体的"道"相符应，对于外物，包括自己的生命、安危都置之度外，不假思虑。成玄英认为王骀是"体道圣人"，其"运智用心""灵心安审，妙体真元，既与道相应，故不为物所迁变者也"。"达于分命，冥于外物，唯命唯物，与化俱行，动不乖寂，故恒住其宗本者也。"这样的心灵境界，是圣人的心境，他说："夫得心者，无思无虑，忘知忘觉，死灰槁木，泊尔无情，措之于方寸之间，起之于视听之表，同二仪之覆载，顺三光以照烛，混尘秽而不挠其神，履穷塞而不忤其虑，不得为得，而得在于无得，斯得之矣。若以心知之术而得之者，非真得也。"圣人是不以智见之心分别外物，"夫山舟潜遁，薪指迁流，虽复万境皆然，而死生最大。但心冥造物，与变化而迁移，迹混人间，将死生而俱往，故变所不能变者也"。王骀"混同万物，冥一死生"，故能游道德之乡，实为放任乎至道之境者也。

心灵境界的具体内涵表现为"才全而德不形"。何谓"才全"？成玄英解释说："夫命行事变，其速如驰；代谢迁流，不舍昼夜。一前一后，反复循环，虽有至知，不能测度，岂复在新恋故，在终规始哉？盖不然也。""事物之变化，天命之流行，留之不停，推之不去"，世界处于连续不断的变化中，但是"夫二仪虽大，万物虽多，人生所遇，适在于是"，人所能把握住的就是当下的存在,所以只能"安排任化","随变任化",只有这样,才能"所遇斯适",从而做到"无往而不逍遥也"。

何谓"德不形"?成玄英解释说:"夫成于庶事,和于万物者,非盛德孰能之哉!必也先须修身立行,后始可成事和物。物得以和而我不丧者,方可以谓之德也。"成玄英认为,道德的圆满是成就事物的前提条件,所以首先要修身立行,提升自己的道德境界,但是道德圆满还必须体现为"内保之而外不荡"。成玄英说:"夫水性澄清,鉴照于物,大匠虽巧,非水不平。故能保守其明而不波荡者,可以轨辙工人,洞鉴妍丑也。故下文云水平中准,大匠取则焉。况至人冥真合道,和光利物,模楷苍生,动而常寂,故云内保之而外不荡者也。"道德的圆满还表现为不居功,成玄英认为"夫明齐日月而归明于昧,功侔造化而归功于物者,此德之不形也"。

成玄英认为,《庄子》中形体残缺而道德圆满者就是至人。至人能"穷天地之陋,而俱能忘形建德,体道谈玄""遂使齐卫两君,钦风爱悦,美其盛德,不觉病丑"。圣人"才全而德不形",所谓的"德不形",成玄英认为就是"支离其德",就是"忘德"。他说:"支离其德,犹忘德也。夫忘德者,智周万物而反智于愚,明并三光而归明于昧,故能成功不居,为而不恃,推功名于群才,与物冥而无迹,斯忘德者也。支离其德者,其唯圣人乎!"成玄英还说:"诚,实也。所忘,形也;不忘,德也。忘形易而忘德难也,故谓形为所忘,德为不忘也。不忘形而忘德者,此乃真实忘。斯德不形之义也。""德不形"不仅意味着超脱于自身的肉体形骸,还在于超越了功名的心态。只有对功名的超越,才是"圣人""至人"。圣人"才全而德不形",而后能"官府两仪,混同万物,视死如生",为万物所同归,这就是理想境界的极致。

而"才全而德不形"境界,也就是至人的境界。成玄英说:"夫至人道迈三清而神游六合,故蕴智以救殃孽,约束以检散心,树德以接苍生,工巧以利群品。此之四事,凡类有之,大圣慈救,同尘顺物也。"成玄英认为,"圣人同尘在世,有生处之形容;体道虚忘,无是非之情虑",至人(圣人)并非超脱出俗尘之外,而是虽"和光混迹,群聚世间",却"绝无性识;既忘物我,何有是非",有着与凡人不同的境界。这就是所谓的"有人之形,无人之情"。

成玄英认为,"才全而德不形"的圣人将其理想推及于社会,就是修身理国之至美至通境界,他说鲁哀公听了孔子一番言说,对生死和爵位有了彻然大悟,"至通忧死之言,更成虚幻;执纪南面之大,都无实录;于是黜肢体,黜聪明,遗尊卑,忘爵位,观鲁邦若蜗角,视己形如隙影,友仲尼以全道德,礼司寇以异君臣。故知庄老之谈,其风清远,德充之美,一至于斯"。

道德的外化之功

成玄英认为"支离其德"是最高的境界,只有通过对"矜名""争善"之心的解除,人的精神生命才可能得以圆满。在成玄英看来,"支离其德"是圣人"内德圆满"而"反智于愚"的"无功""无名"的表现,只有"内德圆满",才能与物相接,随物升降,与天地万物混同如一。所以成玄英在《庄子疏序》中继之《人间世》篇大义而说:"内德圆满,故能支离其德,外以接物,既而随物升降,内外冥契,故以《德充符》次之。"在《德充符》篇疏释中,成玄英集中表述了盛满道德具有会最万物的功能。

《德充符》篇中有"子产、申徒嘉共师伯昏无人""叔山无趾踵见孔子后见老子"的故事，基本的意旨是说明人的价值在于内在道德境界的提升，而不在于权位的高低或形体的完缺。成玄英继承了《庄子》中的观点，认为人的形体和荣华富贵都属于外在的东西，应该在心灵上超脱之，而人的内在的精神世界与之相比却是最为重要的，只有在心灵境界上的道德圆满，才是人身上最可贵的东西，才能带来万物的自然归依。成玄英认为，《德充符》篇中形体残缺的人正是"内德圆满"者。成玄英说，王骀虽然是一个兀者，"残兀如是，无复形容，而玄道至德，内心成满"。其"外忘形骸，内德充实，所以从游学者，数满三千，与孔子之徒中分鲁国"。哀骀它"异常鄙陋，论其丑恶，惊骇天下""穷为匹夫，位非南面，无权无势，可以济人""既无聚禄，可以致人"。成玄英说："哀骀才全德满，为物归依，大顺群生，物忘其丑。遂使丈夫与之同处，恋仰不能舍去；妇人美其才德，竞请为其媵妾。十数未止，明其慕义者多；不为人妻，彰其道能感物也。"在行事上，王骀"弟子虽多，曾无讲说，立不教授，坐无议论，请益则虚心而往，得理则实腹而归"。而哀骀它"灭迹匿端，谦居物后，直置应和而已，未尝诱引先唱"。成玄英认为，王骀、哀骀它"一无权势，二无利禄，三无色貌，四无言说，五无知虑。夫聚集人物，必不徒然，今骀它为众归依，不由前之五事，以此而验，固异于常人者也"。人们能够不嫌弃王骀、哀骀它的形容丑陋而归依于之，正在于其内德充满，有着与常人不同的精神境界。成玄英认为，其异于常人的精神境界，主要表现在：常人汇聚万物，"以言说招携""先物而唱""役思运怀，缘于四方分外"，而他们却"直而无心""忘心遣智，率性任真""心神凝淡""无情于利禄，无惊于宠辱"，这正是他们的内在之美。

《德充符》篇之主旨，在于说明盛德圆满，内充于心，可以圆满人格，如是则为"才全而德不形"者也，为至人境界。具有这样道德境界的人，能够使万物忘其形弊，归依不离。这正是将本体性的"道"转化为内在的"德"所具有的独特魅力。成玄英进一步认为，若能臻此"道德"境界，不唯可以会最万物，亦可以匠成庶品，即具有创生万物、主宰宇宙的功能。故其《庄子疏序》继之《德充符》篇而言："止水流鉴，接物无心，忘德忘形，契外会内之极，可以匠成庶品，故以《大宗师》次之。"

成玄英认为，"道"能匠成庶品，主宰万物，人若能潜心修道，达到"与道为一"的境界，则与"道"具有等同的功用。他认为《庄子》中所列举的这一类神话人物，像狶韦、伏戏（伏羲）、维斗、堪坏等都是圣人、神人，并对他们的功绩一一作了详细解释。所以"道"以及人格化的"真人"，是人类精神境界的伟大宗师。

在成玄英的思想中，"真人"和圣人、神人、至人一样，都是最高境界人格的名号称谓，但"真人"偏重于从认知方面描述，其具体内涵是最高的智慧者。成玄英认为知性的极致是认识到天人即"自然"和"人为"的分际，但是，盛美的"知"并非是"真知"，并非是最高的智慧。成玄英认为，最高的智慧是只有圣人才具有的"忘知任独"，"真人"就是对圣人从智慧维度的描述。对于"真人"，成玄英说："智惠忘生，可谓不用取舍之心，捐弃虚通之道；亦不用人情分别，添助自然之分。能如是者，名曰真人也。"真人"接物无心，忘德忘形"，他的心灵境界是"无心"的，即没有对外在事物的意向性，对于自身的生命问题，真人已经有所超越，对于外在的事物功名，真人也无心而为，正所谓"引古御今，崇本抑末，虚怀任物，大顺群生""为而不恃，长而不宰，岂雄据成绩，欲处物先耶"！"真人达生死之不二，体安危之为一"；"真人无情虑，绝思想，故虽寝寐，寂泊而不梦，以至觉悟，常适而无忧也"；"真人心性和缓，智照凝寂""翛然独化，任理遨游，虽复死往生来，曾无意恋之者也"。正由于如此，成玄英认为真人具有"自利利他，内外德行"，具有"利物为政之方"，堪称宇宙间万物的"大宗师"，是世间万物的主宰。

成玄英认为，真人的"利物为政之方"，略标之则为："用刑法为治，政之体本；以体乐为御，物之羽仪。""法"和"礼"是真人主宰宇宙、统治社会的基本工具，成玄英说，"所以用刑法为治体者，以杀止杀，杀一惩万，故虽杀而宽简。是以惠者民之雠，法者民之父""礼虽忠信之薄，而为御世之首，故不学礼无以立，非礼勿动，非礼勿言，人而无礼，胡不遄死。是故礼之于治，要哉！羽翼人伦，所以大行于世者也"。但真人主宰万物，并非违逆物情、有心而为，而是"境智洞忘，虚心玄应"，其内心没有成见，所以没有是非分别，虚怀若谷，能随顺万物的情态变化而变化，在对待万物上，真人"随机感以接物，运至知以应时""以德接物，顺物之性"，成就万物而后能付己能于群智，无功无名，"故为宗师者，旷然无怀，付之群智，居必然之会，乘之以游者也"。

最后，成玄英强调了道德所具有的政治功能。在《大宗师》篇，成疏的主旨在于说明"道"是万事万物的宗师，故人之境界提升，应该以道为本体，以能"忘知任独"的"真人"为楷模，修习至道，认为若能与道为一，则可齐一生死，混同庶物，进而为万物所归，匠成庶品，进入圣人境界。圣人"道德圆满"，故为万物会最；"匠成庶品""驾驭群品"是圣人"外王"之能；"外王"之能落实于现实，则表现为政治、教化之功。这正是《应帝王》篇的重心,也是逍遥境界的社会化展示。所以《庄子疏序》继之《大宗师》篇而曰:"古之真圣,知天知人,与造化同功,即寂即应,既而驱驭群品,故以《应帝王》次之。"

通过《逍遥游》义疏可以看出,成玄英的境界观最终落实为一种社会理想,但这种社会理想的实现必须依托于圣人,社会只有在圣人的关照下,才能是理想的社会。而成玄英所谓的圣人,是具有浓郁道家色彩的圣人,道家的圣人"树德立功,神妙不测,而即迹即本,故常游心于至极也"。圣人在政治方面的集中体现就是"无为":

夫圣人驭世,恬淡无为,大顺物情,有同造化。若其息用归本,厌离世间,则乘深远之大道,凌虚空而灭迹,超六合以放任,游无有以逍遥,凝神智于射山,处清虚于旷野。如是,则何天下之可为哉!盖无为者也。

成玄英认为,道家的圣人"体悟真源,故能以智境冥会",圣人对本体的"道"有切实的体悟,能"虚淡无心,忘怀任物,故无复运为谋虑于灵府耳"。圣人"虽遨游天下,接济苍生,而晦迹韬光,故无朕也"。圣人对忘我无身,所以能无功无名;在外化事业上,圣人等同于本体的"道","圣人驭世,恬淡无为,大顺物情,有同造化",圣人让世间万物"各率素分,恣物自为,不复于事,任用己""忘心绝虑,大顺群生,终不运知,以主于物",让事物按照自己的本性活动发展,不将自己的意志凌驾于万物之上,圣人没有知见之心,没有思虑,而是像明镜一样高悬于堂上,与万物虚应,其既不隐匿万物的真实情态,也不伤害万物。成玄英说:"夫物有去来而镜无迎送,来者即照,必不隐藏。亦犹圣智虚凝,无幽不烛,物感斯应,应不以心,既无将迎,岂有情于隐匿哉!""夫物有生灭，而镜无隐显，故常能照物而物不能伤。亦犹圣人德合二仪，明齐三景，鉴照遐广，覆载无偏。用心不劳，故无损害，为其胜物，是以不伤。"成玄英认为，"夫圣人为政，功侔造化，覆等玄天，载周厚地"，其政治是以"不治"为治，"治乎外者，言不治之者也"，对待万物是"顺其正性而后行化"，"随其分内而治之，必不分外治物"，"顺其实性，于事有能者，因而任之，止于分内，不论于外者也"。成玄英认为，圣人"任物自化"，"随造化之物情，顺自然之本性"，但不显露自己的功德，其"诱化苍生，令其去恶；贷借万物，与其福善；而玄功潜被，日用不知，百姓谓我自然，不赖君之能。推功于物，不显其名，使物各自得而欢喜适悦者也"。圣人无功无名，故物我两全，他说，"夫放而任之，则物皆自化"，"可游汝心神于恬淡之域，合汝形气于寂寞之乡，唯形与神，二皆虚静。如是，则天下不待治而自化者耳"。

成玄英认为："夫帝王之道，莫若忘知。老子云不以智治国，国之德者也。"然自汉以来，儒家学说逐渐占据政治领域，成为帝王经世致用之政治学说，要阐述道家政治学说的主旨，就不能不在政治领域为儒道作一番比较。成玄英的基本观点是，道家学说在政治上的运用，比儒家学说更高一筹。其一，儒家没有道家政治涵盖宽广。他说"伏牺（伏羲）之时，淳风尚在，故卧则安闲而徐缓，觉则欢娱而自得也"；伏牺"忘物我，遗是非，或马或牛，随人呼召。人兽尚且无主，何是非之有哉""率其真知，情无虚矫，故实信也""以不德为德，德无所德，故不伪者也""既率其情，其德不伪，故能超出心知之境，不入是非之域者也"。而"夫舜，包藏仁义，要求士庶，以得百姓之心，未是忘怀，自合天下，故未出于是非之域"；且"三皇之世，其俗淳和；五帝之时，其风浇竞""浇竞则运知而养物,淳和则任真而驭宇,不及之义,由此可知也"。其二,儒家"以己制物,物丧其真""能小谋大""其功难克"。成玄英认为,儒家"己出智以经纶,用仁义以导俗",如同"涉海凿河而使蚊负山也","夫溟海弘博,深广难穷,而穿之为河,必无成理。犹大道遐旷,玄绝难知,而凿之为义,其功难克。又蚊虫至小,山岳极高,令其负荷,无由胜任。以智经纶,用仁理物,能小谋大,其义亦然","出经式义,欺矫治物,不亦妄哉"!其三,儒家政治"胥徒劳苦",自累身心。他说:儒家虽然"素性聪达,神智捷疾,犹如响应,涉事理务,强干果决,鉴物洞彻,疏通明敏,学道精勤,曾无懈倦",但是如同"虎豹之皮有文章,故来畋猎;猕猴以跳跃便捷,恒被绳拘;狗以执捉狐狸,每遭系颈","技术工巧,神虑劬劳,故形容变改;系累,故心灵怵惕也",并不是明王之道,圣人之治。

从道德的角度上讲,成玄英认为人生的最高境界是"内德圆满",即智慧对生命问题的彻底解决。这样的境界,就是与"道"为一的境界,不仅具有内在的审美情趣,而且具有与"道"同一的外化之功,所以圣人能将这种个人的境界推及社会,具有会最万物、匠成庶品、驾驭百灵的功能,圣人的政治是最好的政治,在圣人的观照下的社会,也是理想的社会。从这里可以看出,成玄英所追求的人生境界,已经不是肉体飞升的道教观念,而是心灵超越的道家境界。在这种哲学观念下的圣人,也不是长生不死的仙人尊神,而是具有高尚的智慧和道德的理想人格。现实生活中的每个人,只要不断地提升自我的智慧和充实自我的道德,就一定能够实现生命的圆满和心灵的逍遥,同时也必然获得社会的认同和尊重,达到庄子所说的"天地与我为一,万物与我并生"的人生境界,这种人生境界,也就是道家一直以来所向往和追求的自然和谐的理想境界。

第 5 章

成玄英思想的历史地位

　　成玄英虽然出身道士，在其生命早期也有浓厚的宗教情结和坚定的道教信仰，他虽处身于初唐佛道冲突交融、道教迅速崛起的大背景下，但他并没有抱守传统道教的宗教信条，而是始终把以生命为主题的普世关怀作为自己的思想出发点，以对经典文化的信赖为思想的支撑点，不断寻求和确立能为世人安身立命的基本经典，他从对《度人经》的认同走向对《道德经》的认同，最后以《庄子》作为精神归宿，这一经典认同意识的发展，表现出起于道教而归之于道家，起于宗教信仰而趋向哲学思想的转化过程。同时，成玄英以兼容并蓄的学术精神广泛吸收了前代和当时的多种思想，以道家思想特别是《老》《庄》为宗，建构了包括本体论、心性论、境界论、修养论、圣人论等多种思想主题的哲学体系；虽然在他的思想发展过程中不可避免存在着宗教的认识和思想的矛盾，但他坚定真切的普世情怀，兼容并蓄的学术胸襟，孜孜不息的求索精神，连同他以经典文本为依据的思想阐释，无疑给后人留下了丰富的精神财富。就此而言，在中国思想大家的序列中，应有成玄英的一席之地。

一、思想历程

　　成玄英处身于从乱世走向盛世的大时代下，他的思想与时代主题密切相关。早年的成玄英为了保身生存而不得不出家为道，但与一般的道士不同，他不仅仅是为了摆脱自我的生命困境，而是自觉地把这个时代背景下所有人的生命苦难和心灵煎熬作为自己思想的现实根源。基于这种普世关怀的情结，成玄英力图通过对经典文化的学习，为人们找到一个安身立命的精神避难所。在这一时期，成玄英深受道教文化的熏染，确立了对道教至上神元始天尊的信仰。在他的心目中，元始天尊就是生命圆满的最高象征，是与世人生命现实相对照的理想人格，同时元始天尊又是具有最大慈悲胸怀的圣人，他关心世人的苦厄，期望所有的众生能摆脱生死的变迁流转，达到不生不死、精神安逸的神仙境界。成玄英对《度人经》的疏解虽然在思想上创造性不强，但却标志着成玄英思想的起点，是他以后思想的发源处，他内在的问题意识和情感，在这部著作中得到了一定的体现。

　　中年的成玄英，走出了隋末的混乱社会，迈进了唐初的稳定繁荣。一乱一治的社会变迁，使成玄英认识到，与暴虐荒淫的隋炀帝相比，唐太宗无疑是一代明君，故而一得到唐太宗的诏命，成玄英就义不容辞地来到京师，参与国家宗教事务。唐太宗的主要问题是如何避免隋朝急剧走向灭亡的教训，确立李唐王室的皇权地位和长治久安的施政观念。鉴于初唐开国的政治形势，唐太宗继承高祖的做法，推崇道教，尊重老子。成玄英对唐太宗的政治意图也心领神会，他把思想的重心也转向老学，一方面从宗教神话的立场出发，神化老子，另一方面又通过对《老子》的解释，来为唐王朝确立"清静无为"的政治指导思想和与之相适应的人生哲学。这一时期，成玄英通过对宗教神话和历史考证的结合，确立了老子和《道德经》在所有文化体系中的最高神圣地位，并立足于斯，从心性论的角度阐发了《道德经》所蕴含的"理国理身"之道。在成玄英看来，"理身"和"理国"两者是一致的，其出现问题的根源都在于人逐名竞利的虚妄之心，其要达到理想境界的理论依据都在于玄妙之道，其根本方法都在于修行至道，其基本的法则都在于无心无为，其理想的人格都是生命圆满、慈悲为怀并能逗机设教的圣人。透过成玄英对《道德经》思想的阐发，可以看出他的政治思想最终还是指向人的生命，所谓的"理国理身"之道本来就为一而不可分。

永徽流放是成玄英生命的又一次转折点。这次人生的巨大转变使成玄英再次把思想的重心转移到对自我生命的关照上来，但与此前不同的是，生命的问题更加突出，并且主要体现于精神的苦闷。同时，对政治问题的思考也没有因为生命的历程的转变而中断，而是继续走向成熟和完善。因此，如果说贞观年间成玄英所探求的思想主题是以"理国"统摄"理身"的话，这一时期的主题则是以"理心"统摄"理身"和"理国"。为了解决自我精神的苦闷和思想的追问，成玄英把全部精力倾注于《庄子》，借助对《庄子》思想疏解，阐发自己对生命、政治等现实问题的观点。在这一时期，成玄英的思想虽然也在一定程度上延续了中年时期的老学思想，但在对心性论、宇宙论、本体论、境界论、圣人论等各个思想主题的论述上，都比以前更加充分、深刻和圆熟，特别是在圣人和境界问题上，成玄英完全洗刷了前期思想中的道教色彩，他思想中的理想人格，不再是肉体飞升、长生不老的神仙，而是心灵逍遥、道德圆满的圣人。这一巨大的转变，表明成玄英已经从传统道教的思想束缚中走出来，开始从道家思想的角度上反思现实问题。在当时的道教文化甚为浓厚的背景下，成玄英的这一思想转变难能可贵，而其思想成就也是不可比拟的。这一切，要归功于成玄英关注现实、不断探索的学术精神。

成玄英的思想历程，从表面上看是一个从道教走向道家的发展历程，但其实质却是一个从信仰走向理性、从宗教走向哲学的发展历程。其中不变的支撑点有两个：一个是以生命为终极关怀的基本问题，一个是以经典为思想依托的文化本位。对现实生命的普世关怀，对经典文本的执着信赖，构成了成玄英思想不断走向深化的两条延伸线，而成玄英的思想，也就在这两条线不断延伸的区域走向成熟。他的文化视野也随之而不断扩充，由灵宝类的经典扩充到包括楼观派、上清派在内的道教经典，由道教经典扩充到包括道教、道家、儒家和佛学、玄学、易学、史学等传世经典。融传统学术于一炉，汇百家思想于一体，成玄英最终铸就了具有道家特色、大唐气派的思想体系。我们可以毫不夸言，成玄英的思想体系是隋唐庄学思想创获的时代典范。

二、思想体系

成玄英的思想建树，主要体现在其《道德经义疏》和《庄子疏》中，两者比较，《庄子疏》的思想更加圆熟，代表着成玄英思想的最高成就。在这两部著作中，成玄英所建构的是包括存在论、道体论、心性论、圣人论、重玄论、境界论、修养论等多重内容的思想体系。

就存在论而言，成玄英认为万物都处于永不停止的变化之中，各个不同事物之间的关系，虽然彼此影响，但这种影响关系却不是一者主宰另一者、一者决定另一者的关系。在成玄英看来，任何事物的发展，都根源于自我的本性，这就是所谓的"独化"。成玄英认为，万物之间各有差别，但也有共同的性质。这种差别性和同一性的根源，在于万物都由"道"和"气"构成，"气"相当于构成万物的质料因，有清浊、薄厚的不同，因为每个事物禀受的"气"有差别，所以万物才表现出各自的特性；"道"则是万物生成变化的动力因、形式因，是万物的本体依据。"道"的特性是"虚通""自然"，它不同于实体性的存在，而是非实体、非物质的"理"，这样的"理"一方面主宰和制约着万物的生成变化，另一方面又落实、体现于万物身上，构成了万物的"正性"。万物都是"理"主宰下的"气化"的表现，自然有其禀性，禀性就是"道性"和"气性"的综合，是万物差别性和共通性的统一根源。万物是有形质而可见的"气"，万物以自我本性为根据的"独化"过程，实际上就是在统一的"理"主宰下有形质的"气"的变化，所以也叫作"物化"。

就本体论而言，成玄英认为"道"是万物的本体，是万物生成变化的共同主宰、终极根据。在早期，成玄英把"道"理解成道教的最高神"元始天尊"，但随后在《道德经义疏》《庄子疏》中，他打消了"道"的人格神的宗教观念，把"道"理解成万物共同的生化之理，"道者，虚通之妙理"，道是虚通的、自然的、无为的、恬淡的，这构成了"道"的基本属性。同时，"道"要构成万物的本体，其和万物也是须臾不可分离的，"道"就体现在"物"中，体现为物的"正性"，"众生之正性"也；同时，"道"既然是"理"，是不同于有形质的物的一种客观存在，它就是无形、无相、无色的，因此，

"道"也妙绝形名，超越了语言和认知，不能用对象性的认知方式和有限的语言准确地把握它。成玄英也承认"气"对人的制约作用，这种制约在一定程度上表现为人的"命"，"命"是人的先天的物质禀赋，是人所不能改变的现实环境。成玄英一方面主张世人要顺应"命"而不要逆抗"命"，但他更主张对"命"要超越，只有虚怀恬淡，忘却生死，才是更高的境界。

就心性论而言，成玄英认为"性"是生命个体的内在依据，但"性"又分为两种，气性和道性。只有道性才是"正性"，才是人实现生命理想，达到逍遥境界的本体；而"心"则是人处于不同生命境界的主体根源。成玄英认为，"心"是不断变化的，世俗的心不能认识万物空幻的真相，追逐万物，淡忘生命，陷入迷茫和困惑之中而不返，这样的"心"，实际上就是"妄心"，要解决生命的危机，就要实现心的转变，让心摆脱执迷，从"道"的高度来认识万物存在的本相，认清什么是真理，什么是谬误，进而让这种澄明通彻的心来观照生命，最后达到对生命的觉悟和解脱，实现精神的完全自由。成玄英也认为，"心"也具有这种改变自身的能力，但关键就在于是不是能以"性"特别是"正性"作为自己的终极依据，只有"心"自觉向"性"转变，最后达到"心""性"合一，才能达到生命圆满的境界。

就修养论而言，成玄英的主题是心性的修养，就是"穷理尽性"，就是自我的本心通过认识道体，进而让本性得到澄明凸显，而其根本，则在于"心"上。心的修养，实际上是不断遣除虚妄念头的过程，遣除功名，遣除利禄，遣除荣辱，遣除对外在事物的执着，遣除是非好恶等种种差别，遣除外在礼制对心的制约，最后连对肉体的残全、生死也不以介怀，只是保养内在的精神。成玄英心性修养的核心，就在于"遣忘"二字。同时，成玄英突出"修心"的基本法则，主张"修心"实质上就是"修道"，而"修道"需要具备一定的先天素质和后天的努力，要秉承老师的传授，注重经典的诵习，要循序渐进，不能一蹴而就，但在一定程度上，成玄英又认为修道具有"顿悟"的方式。

就境界论而言，成玄英早期接受道教的观点，认为宇宙存在空间和众生的生命境界是一致的，从下到上不断提升，最高的境界是"三清"境界。但到了晚年，他从人的心灵上论述境界问题，把人的境界划分为不同的层次：沉迷于世俗功名利禄是最低的层次，这是偏执于"有"的境界；其次是努力让自己的心依从于道的层次，自认为高于"有"的境界，这是偏执于"无"的状态；再次是虚怀任运，与道泯然合一，能够顺应万物，内心宁静，不为外界的变化而动荡，这就是既不滞于"有"，也不滞于"无"的"中"的境界；但最高的境界是连同对"中"的执着一起遣除，无所偏执，无所依恃，完全地自由舒适，这就是最高的"重玄"境界。

就圣人论而言，成玄英相信理想人格的存在，虽然他在早期的观念中，把理想的人格理解为具有宗教色彩的道教至上神，甚至一度把老子也解释成神人混合的历史存在，但他最后则否定了宗教意义上的理想人格，而认为理想的人格就是精神圆满的体现，这就是《庄子》文本中的理想人格。成玄英肯定理想的人格具有两个方面的条件，一方面是自身的生命圆满，达到最高的生命境界，另一方面则是道德圆满，他观照世人，具有无限的慈悲和智慧，能根据不同的对象施行教化，也能实现最好的政治。成玄英认为，圣人品格中的这两个方面是统一的，不可分割的，圣人虽然精神不同于世俗，但也不远离世俗，圣人能够与常人和谐相处，但他的精神却超拔于尘世之外。

成玄英的思想体系，虽然散见于对《老子》《庄子》的疏解之中，但其内容极其丰富，可以说是中国哲学有史以来所建立的第一个系统完整的哲学体系。这个思想体系的内核，可用成玄英在《庄子疏》中所说的"穷理尽性以至于命"一语来概括。这句话虽出于儒家的《易传》，但成玄英却赋予它以道家的意义。所穷的"理"，实际上就是道家的"道"，所尽的"性"，实际上也是道家的"性"，所至的"命"，就是成就理想的生命境界。而"穷""尽"的方法，实际上也不过于就"心"上做文章，不断地遣除执着，从而达到"无心""忘我"的心灵境界。成玄英的哲学体系中包含境界论、道体论、心性论、圣人论等多重内容，这些主题彼此之间相互融摄，共同体现了成玄英哲学思想的完整体系性和内容丰富性。

三、思想定位

成玄英的思想总体上表现为对以《老子》和《庄子》为主的道家道教经典的思想演绎，如果按照对中国传统思想分为儒、释、道三个格局的观点，他的思想，从总体上应属于"道"的传统。这里的"道"自然应该包括现代意义上的道家和道教，因为在传统的观点上，这两者是前因后继构为一体的，故而可在这一意义的前提下，将之称为道家的思想传统。然而，就这个意义的道家而言，因为时代思潮的关系，成玄英还是表现出其特色。这一特色，可以简略地概括为道家"重玄学"的传统。

什么是"重玄学"？大致而言，重玄学是宗源于先秦老庄之学，萌发于魏晋玄学，并受到佛教思想的熏染，由晋唐道士所阐发形成的道教思潮。《老子》第一章本就有"玄之又玄，众妙之门"的说法，其中的"玄之又玄"不过是形容道体的玄妙、深远，没有更深的意思。但魏晋玄学兴起，便把这一说法当作蕴含深意的思想主题去诠释，并将之和《庄子》"遣忘"的思想结合起来了。大概郭象、孙登都是这一类的学者。而后，佛教为了让人们更好地理解和接受佛教思想，也借助老庄和玄学的思想解释佛经，玄学和佛学相互结合渗透。晋代的名僧支道林不仅擅长解庄，而且最早提出了"重玄"这一词。因此，"重玄"思潮的形成，可以说是继魏晋玄学之后道家思想沿着自身思想理路的延续发展。但另一方面，"重玄"思潮也可以说是道教在受到佛教思想冲击的前提下，而不得不提升自我思想理论水平的必然结果。

魏晋南北朝以来，佛教思想流入中土，在其广为流布的过程中，逐渐走上独立发展的道路，与此同时也必然与儒道产生日益剧烈的冲突，而由于文化品性的原因，佛道之间的冲突最为激烈。在佛道论争的历史进程中，道教因为缺乏思想性而屡屡败北，即使用制作《老子化胡经》等贬抑佛教的历史神话也远不能改变其江河日下的衰落趋势。在这种情况下，一些有心的道教徒如宋文明、孟智周、孟景翼、臧玄静等人，不得不放弃原来缺乏思想性、充斥着芜杂神话民俗成分的宗教说教，而把思想的重心投向先秦道家，通过对道家道教经典的思想诠释和对玄学、佛学、儒学等多种思想资源的明引暗用，来建构自身的思想体系，以实现其道教高于玄学、儒学和佛学文化地位的内在意图。而初唐王朝基于现实政治需要而提出的"尊老崇道"的文化政策，无疑给道教思想的转化发展提供了最佳的时代契机。于是，以道教为宗教本位，以《道德经》为经典文本的注疏思潮，一时成为道教阵营中最为浓烈的学术文化主流。

成玄英无疑是积极投入这一时代思潮的佼佼者。他的核心问题，起初在于突出老子及其思想的最高地位，以为道教在宗教文化上的最高地位和李唐皇权的最高地位奠定思想基础。于是，成玄英从各种思想资源中特意拈出"重玄"这一概念，其在思想上，批评"有"和"无"的偏执，肯定"一玄"对前两者的超越性，但并不认为"玄"是最高的境界，而是最终认同遣除了执着于"中道"的无所执着的"重玄"境界。这种思想在政治和宗教上的意图，则是在肯定佛教、儒教等文化体系的基础上，进一步提升道教的文化地位和政治地位，把老子作为圣人放置到整个政治和文化的顶点上。这样，成玄英所标举的"重玄"，就与前人仅仅落实于个人的生命境界而有所不同，它具有在思想上、文化上、政治上的多重地位，这就像一个金字塔一样，虽然不否定底层基石的作用，但最为光辉璀璨的还是塔顶。

但如果我们把成玄英的"重玄"仅仅看作政治和宗教上的最高境界，显然是低估了其思想的创造性。到了晚年，成玄英疏解《庄子》，以"道德""重玄""无为""独化"作为其庄学思想的基本宗趣，把"重玄"作为其庄学思想的四个关键词之一，但其内涵和意义，却远远超越了中年时期在老学诠释中的思想水平。"重玄"一旦离开了老子而落实到庄子身上，其政治性的意义无疑就淡化了许多，而在生命境界上的意义，特别是在精神生命上的意义却更加突出和明显了。成玄英认为，庄子"道冠重玄"，他人无所比拟，这种评价一方面提升了庄子在传统人格上的地位，但另一方面庄子也以其生动形象的人格，重新诠释和充实体现了"重玄"境界的内容，原本"重玄"思想中的道教神仙成分，至此洗脱而尽。"重玄"的思想，承魏晋玄学之后，经佛学的洗礼和道教的发展，到成玄英著《庄子疏》时，则不仅体系完备、内容精深，而且在兼容百家的基础上重新回到道家哲学的精神归宿上，这既是一种发展，一种思想提升，也是一种理性的回归。据此而言，成玄英可谓这一时代思潮中的思想集大成者。蒙文通先生评价成玄英说其"萃六代之英菁而垂三唐之楷则"，就重玄学而言，诚为确论。

四、思想影响

　　成玄英的思想在当时即受到关注，并引起一定的反响。他的著作，因为其中大量吸收了佛教的词汇和思维方式，表现出极为浓厚的佛教色彩，所以首先受到佛教界的关注。如第一章所述，在成玄英稍后的一些佛教学者如慧琳、安澄等在其著作中对成玄英的老庄学著作的大量引用，以及澄观对当时一些佛教认识对成玄英思想认识的批评，都足以说明成玄英的思想在当时已经得到广泛的传播，并对佛教思想产生一定影响。到了宋明之后，随着三教合一的文化思潮的出现，佛教界也有不少人喜读《庄子》，并出现了以佛解庄的精品著作，其中明代四大高僧之一的憨山大师的《庄子内篇注》就是其中的上乘之作，而现代章太炎先生的《齐物论释》，也是用佛教思想解释《庄子》畅发平等思想的时代名作。

　　当然，成玄英思想的影响，主要体现在他对唐代及此后道家哲学的发展上，其中最为突出、最为直接的，就是他对道士李荣的影响。李荣为唐高宗时的道士，是继成玄英之后活跃于长安和洛阳之间的道士。据史料记载，其多次参加当时的佛道论争，被称为"老宗魁首"。蒙文通先生推测，李荣可能是成玄英的学生，此虽无明确证据，但通过对李荣著作和思想的考察,可以发现李荣的思想与成玄英有着极为密切的关系,特别在老学方面,李荣承继了成玄英从心性论的主题阐发"重玄之道"关注社会现实的思想理路。据文献记载,李荣可能还著有《庄子注》,但今已不存,我们无法断定其庄学思想与成玄英的关系。但另一方面,由于成玄英首先以道士的身份系统地疏解了《庄子》,这在一定程度上也推动了《庄子》思想向道教的渗透,也必然推动了道教思想心性化的历程。在距成玄英之后不远,道教中就出现了司马承祯、赵坚、吴筠的《坐忘论》等多篇以《庄子》思想命名的道教作品;到玄宗年间,庄子被诏封为南华仙人,《庄子》被命名为《南华真经》;宋代之后,道教中出现不少人士注解《庄子》,如陈景元的《南华真经章句》、褚伯秀的《南华真经义海纂微》、陆西星的《南华真经副墨》等,都是道教系统诠解《庄子》的重要著作,这其中当然也少不了成玄英《庄子疏》的巨大推动作用。

除此之外,在其后宋明理学蔚为大观的思想潮流中,也可以发现与成玄英相一致的思想理路。韩国学者崔珍皙通过对成玄英和宋明理学家思想理路的比较,认为成玄英的思想对宋明理学的兴起产生过一定的影响。但我们却难以在宋明理学家的著述中发现对成玄英的有关论述,因此,准确地说,成玄英并不一定对宋明理学的兴起产生过直接的影响,但可以断言,宋明理学家的思想理路,和成玄英的思想理路具有极大的相似性。汤一介先生说:"成玄英哲学的路数大体和宋明理学有相似之处,即由本体哲学向心性哲学发展。"汤先生的这一论断是谨慎而准确的,这说明了一点,在儒家从天道和心性贯通的角度重构其价值学说之前,道家道教中已经有人从这个角度来建构其价值体系了。由此而言,以成玄英为代表的隋唐道家道教哲学之兴起,无疑是中土文化面对佛教文化的传入和影响展开建构自身文化体系的第一次尝试，是中国哲学发展中的重要一环，而宋明理学倒是继之而后起的。无论成玄英的思想体系存在着怎样的问题和矛盾，其在哲学和思想发展史上的地位是不能忽视和否认的。

通过本书简要的论述，我们已经基本清晰地展现了成玄英思想的主体内容，并对之作了相当的评价。回到引言中，我们应该说，探究成玄英的思想发展之旅，成玄英完全当得上中国思想文化阵营中之"大家"称号。以世俗的观点来看，成玄英的一生，是大起大落的一生，但从学术的观点来看，成玄英的一生是由宗教走向政治、由政治走向哲学的一生。无论这一人生和思想过程中发生了怎样的变化，其中不变的，是成玄英对社会现实的热忱关怀和对理想境界的渴望追求。立足于此，成玄英在继承中创造，在创造中继承，他以高明的理性思辨关注现实，以广博的学术胸襟兼容百家，以优雅的美学语言阐明义理，为人们留下了充满时代气息的新道家作品。无论他的人生怎样飘忽不定，扑朔迷离，在中国思想史上，特别是道家思想的发展史上，都应该给他留下应有的位置。

附　录

年　谱

601年~604年（隋仁寿年间）　成玄英生于陕州。早年出家为道，应为灵宝派道士。

631年（唐贞观五年）　太宗诏成玄英至京师长安，居长安西华观。约在此前完成了《周易流演》《度人经义疏》《九天生神章经注》三部著作。

636年（贞观十年）　成玄英、蔡子晃等"道门之秀"与僧人慧净论战。

637年（贞观十一年）　成玄英修订完成《道德经开题序诀义疏》，并开始撰写《老子道德经义疏》。

643年（贞观十七年）　本年之后，太宗为成玄英加号"西华法师"。

647年（贞观二十一年）　成玄英与道士蔡子晃等"李宗之望"，就《道德经》译梵文事与玄奘论战。

648年（贞观二十二年）　成玄英与清都观道士张惠元，就《三皇经》真伪事奉旨进行勘定，后请将老子《道德经》替处。

650年~655年（永徽年间）　因成玄英以《周易流演》"推国家之吉凶"而不幸言中，被流放郁州（今属江苏连云港市），遂隐居于东海。此前《老子道德经义疏》已完成。

656年~660年（显庆年间）　成玄英开始著《庄子疏》。

685年~688年（垂拱中）　成玄英的《庄子疏》完成，道王元庆遣文学贾鼎就受大义。嵩高山人李利涉为序。此后《老子义疏》《庄子疏》流行于世。

武周天授元年（690）　本年左右，成玄英卒。

主要著作

(一)《度人经义疏》(佚本)

1. 陈景元集注:《元始无量度人上品妙经四注》,《正统道藏》第三册。

(二)《道德经开题序诀义疏》(辑本)

1. 蒙文通辑校:《道德经义疏》,《道书辑校十种》,巴蜀书社,2001年。
2. 严灵峰辑校:《辑道德经开题序诀义疏》,《无求备斋老子集成初编》(第三函),艺文印书馆,1965年。
3. 藤原高男辑校:《辑校赞道德经义疏》,日本《高松工业高等专门学校研究纪要》第2号,1967年。

(三)《庄子疏》(传世本)

1. 郭象注、成玄英疏:《南华真经注疏》,古逸丛书本,清光绪十年刊。
2. 郭庆藩撰:《庄子集释》,中华书局,1982年。
3. 郭象注、成玄英疏,曹础基、黄兰发点校:《南华真经注疏》,中华书局,1998年。

参考书目

1. 强昱:《成玄英评传》,南京大学出版社,2007年。
2. 周雅清:《成玄英思想研究》,新文丰出版股份有限公司,2003年。
3. 魏冬:《成玄英庄学思想管窥——以成玄英〈庄子内篇义疏〉为中心》,三秦出版社,2009年。